国家重点研发计划之复杂环境下行车设备及系统全生命周期能力保持技术

基于可靠性的城市轨道交通设施设备健康管理

蔡昌俊　著

人民交通出版社股份有限公司

北　京

内 容 提 要

本书以城市轨道交通网络设施设备全生命周期可靠性管理为研究对象，基于广州超大城市轨道交通网络运营的特点及实践探索，剖析网络化运营条件下设施设备可靠性管理现状及特点，基于运行可靠性的管理要求，研究并提出了设备设施全生命周期健康管理体系，包括设计阶段聚焦可靠性分配的理论方法和设计策略、建设阶段聚焦可靠性实现的管理标准及评价反馈机制、运营阶段聚焦可靠性保持与提升即基于“四象限理论”框架的设施设备分类方法与差异化的可靠性维修策略体系。

本书可供行业技术人员学习参考，也可作为本科、高职院校城市轨道交通相关专业教材或城市轨道交通行业管理参考用书。

图书在版编目(CIP)数据

基于可靠性的城市轨道交通设备设施健康管理/蔡昌俊著.—北京：人民交通出版社股份有限公司，2021.11

ISBN 978-7-114-17152-9

Ⅰ.①基… Ⅱ.①蔡… Ⅲ.①城市铁路—轨道交通—设备管理 Ⅳ.①U239.5

中国版本图书馆 CIP 数据核字(2021)第045790号

JIYU KEKAOXING DE CHENGSHI GUIDAO JIAOTONG SHESHI SHEBEI JIANKANG GUANLI

书　　名：基于可靠性的城市轨道交通设施设备健康管理
著 作 者：蔡昌俊
责任编辑：钱 堃
责任校对：赵媛媛
责任印制：张 凯
出版发行：人民交通出版社股份有限公司
地　　址：(100011)北京市朝阳区安定门外外馆斜街3号
网　　址：http://www.ccpcl.com.cn
销售电话：(010)59757973
总 经 销：人民交通出版社股份有限公司发行部
经　　销：各地新华书店
印　　刷：北京虎彩文化传播有限公司
开　　本：720×960 1/16
印　　张：11.25
字　　数：263千
版　　次：2021年11月 第1版
印　　次：2021年11月 第1次印刷
书　　号：ISBN 978-7-114-17152-9
定　　价：62.50元

序 Preface

城市轨道交通,尤其是特大城市的轨道交通网络,每日承担着数以百万乃至千万级大客流的运输任务,为城市居民的生活和出行提供了巨大便利,带来了较大的社会效益和经济价值。可以说,城市轨道交通的延伸改变了城市格局,缩短了城市间的距离,也改变了市民的出行模式,目前城市轨道交通已然在大城市中从一种市民出行的"可选项"转变为"必选项",进而成为市民出行的一种生活"习惯"。其演变的过程是城市发展的必然规律,也是城市轨道交通运营服务品质逐步进阶的过程。

良好的运行可靠性是城市轨道交通运营服务品质的基本保障,也是市民对城市轨道交通信赖的基础。城市轨道交通作为一种复杂的、高耦合度的工业控制系统,系统的运行可靠性与网络中的每条线路、每个设施设备及其关键零部件的可靠性直接关联。同时,随着网络化运营的不断发展,既有线路设施设备逐步老化,新线投入初期设施设备可靠性表现不稳定,因而城市轨道交通系统运行整体可靠性下降。因此,在网络化运营条件下,如何基于运行可靠性的管理要求构建城市轨道交通复杂系统的可靠性分配方法、设施设备全生命周期健康管理体系,是当下城市轨道交通网络运营管理者面临的关键问题。

本书作者在长期从事城市轨道交通建设和运营管理工作中,不断探索和思考城市轨道交通网络化运营的特点,也在不断地摸索和积累超大型城市轨道交通复杂网络的系统可靠性分配和设施设备全生命周期健康管理的理论基础和实践经验。本书就是作者近十年来实践经验和可靠性理论研究成果的总结。

本书最突出的特点是以城市轨道交通系统的服务可靠性为目标导向,首次系统性地构建了设施设备全生命周期的健康管理理论体系,提出了设计阶段聚焦可靠性分配的理论方法与设计策略、建设阶段聚焦可靠性实现的管理标准与评价反馈机制、运营阶段聚焦可靠性保持与提升即"四象限理论"框架的设备设施分类方法与差异化的可靠性维修策略体系，对研究、设计、建设和运营管理人员均具有很好的指导意义和参考价值。

中国工程院院士
深圳大学土木与交通工程学院院长

2021 年 4 月

前言 Foreword

我国城市轨道交通发展从无到有、从小到大,现如今无论是线网运营规模体量还是设施设备运行质量都已经位于国际领先水平。纵观我国城市轨道交通这几十年的快速发展历程,一方面新技术的应用带来了设施设备可靠性的提高;另一方面基于国外城市轨道交通系统超过五十年甚至上百年运营历程的设施设备存在的问题,如何站在运营全系统视角,建立匹配于城市轨道交通系统的设施设备健康管理体系,保持系统生命周期高可靠性,是新时代城市轨道交通运营管理者必须关注和思考的问题。

可靠性理论诞生于20世纪40年代,进入21世纪后,提高产品可靠性和系统可靠性,已成为提高产品质量和保障系统安全性的有效途径;同时,可靠性技术和系统可靠性理论逐渐成为工程学科中一个比较成熟的研究领域,也被广泛应用于复杂体系的设计和管理过程中。但在城市轨道交通的实际运营中,乘客关注的是其出行过程中的服务质量,系统可靠性通常难以被乘客直接理解。因此,在当下城市轨道交通网络化运营服务质量备受关注的背景下,如何将工程导向的系统可靠性研究拓展至乘客导向的服务可靠性研究,即如何根据服务可靠性的要求来设计城市轨道交通系统可靠性并保障其全生命周期健康管理,才是轨道交通行业应用必须回答好的问题,但目前该领域的研究基本属于空白。

基于此,本书以城市轨道交通复杂工业控制系统的服务可靠性为目标导向,基于广州超大城市轨道交通网络运营的特点及实践探索,剖析网络化运营条件下设施设备可靠性管理现状及特点,基于网络化运营条件下乘客导向的服务可靠性的管理要求,系统性地构建了设施设备全生命周期的健康管理理论体系,提出了设计阶段聚焦可靠性分配的理论方法与设计策略、建设阶段聚焦可靠性实现的管理标准与评价反馈机制、运营阶段聚焦可靠性保持与提升即“四象限理论”框架的设备设施分类方法与差异化的可靠性维修策略体系。

本书注重基础理论方法与技术及实践的结合,共分为6章,安排如下:

第1章网络化运营设施设备管理现状:简要介绍网络化运营管理特点,以及网络化运营条件下设施设备管理的现状与挑战。

第2章设施设备可靠性健康管理理论:介绍设施设备可靠性的概念及衡量指标,分析设施设备可靠性管理理论及管理侧重点,提出基于可靠性的设施设备全生命周期健康管理理论的研究框架。

第3章设施设备可靠性分配与设计:重点介绍设计阶段,如何基于服务可靠性开展城市轨道交通设施设备系统可靠性分配的理论方法及可靠性设计对策。

第4章设施设备可靠性实现与验证:重点介绍建设阶段可靠性实现对应的全流程设施设备质量保障措施、可靠性验证标准及流程、后评价反馈机制等。

第5章设施设备可靠性保持与提升:重点介绍基于“四象限理论”框架的设备设施分类方法与差异化的可靠性维修策略体系。

第6章设施设备健康管理发展与展望:对接新时代城市轨道交通发展的新要求和技术发展趋势,对设施设备健康管理的发展趋势进行研判与展望。

本书在撰写过程中参考了国内外相关专著、研究报告和文献,虽然在书末列出了主要参考文献,但难免挂一漏万,在此谨向有关作者致以衷心感谢。

限于编写人员水平,书中定有不足之处,恳请广大读者批评指正。

蔡昌俊

2021年8月

目录 Contents

第1章 网络化运营设施设备管理现状

随着我国城市化进程的加快，居民出行需求的增加，城市交通拥堵问题也日益凸显。城市轨道交通以其大容量、高速度、安全可靠、准点便捷等特点成为城市居民出行首选的公共交通方式，是我国城市综合交通运输体系中的骨干力量。目前，国内几大城市的轨道交通网络已基本形成，并朝超大网络发展，未来将有更多的城市逐步迈入网络化运营。本章重点介绍我国城市轨道交通网络化运营管理特点及网络化运营下设施设备健康管理现状与挑战。

1.1 网络化运营管理概况

1.1.1 网络化运营发展现状

受经济实力和技术水平的限制，我国的城市轨道交通建设起步较晚、发展时间较短，2000年之前，我国（以下统计数据不包含港澳台地区）仅北京、上海、天津、广州4座城市拥有城市轨道交通线路，累计运营线路长度不到200km；进入21世纪以来，随着我国经济的飞速发展、城市化进程的加快，城市轨道交通正步入快速发展阶段。尤其是最近10年来，在国家政策的正确引导和相关城市对规划建设轨道交通的积极努力下，我国已成为世界上城市轨道交通发展速度最快的国家。

根据中国城市轨道交通协会统计，截至2020年末，我国已有45个城市开通运营城市轨道交通线路，共计244条线路，运营线路总长度达7969.7km，在建线路长度6797.5km。其中，拥有3条及以上城市轨道交通线路的城市有26个，占45个运营城市的58%；拥有2条及以上城市轨道交通线路的城市有34个，占比达76%，由此可见，城市轨道交通网络化结构已逐步形成。其中，城市轨道交通线路长度超过200km的城市中，上海834.2km，北京799.1km，二者运营规模在全国遥遥领先，已逐步形成超大线网；成都、广州超过500km，深圳超过400km，南京、武汉、重庆、杭州4市均超过300km；青岛、郑州、西安、天津、沈阳、苏州6市均超过200km。2006—2020年我国已开通运营城市轨道交通线路长度变化趋势如图1-1所示。2020年底部分城市已开通运营城市轨道交通线路长度分布如图1-2所示。

截至2020年底，共有67个城市的轨道交通线网规划获批（含地方政府批复的23个城市），规划车站总计4439座，换乘站1211座。正在建设和规划中的线路总长度达7085.5km（不含已开通运营线路），其中35个城市有3条及以上的线路正在建设和规划中（图1-3）；27个城市建设和规划线路的规模超100km。上海、广州、北京、重庆、南京5个城市正在实施的建设和规划线路规模超300km；成都、天津、武汉、济南、西安、杭州、合肥 7 市在实施的建设和规划线路规模均超 200km（图 1-4）。由此可见，网络化运营已成为当前重要的发展趋势。

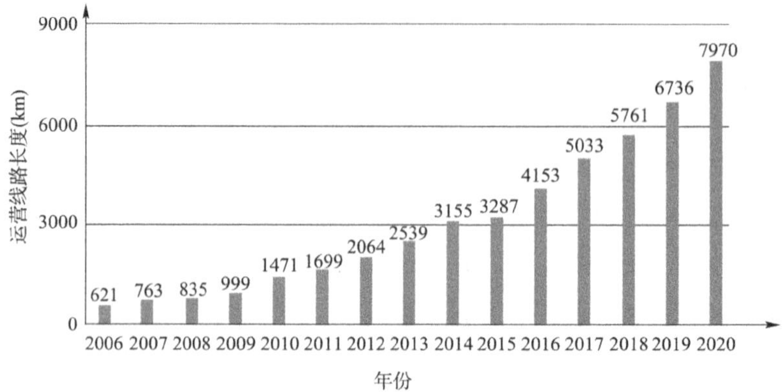

图 1-1　2006—2020 年我国已开通运营的城市轨道交通线路长度变化趋势

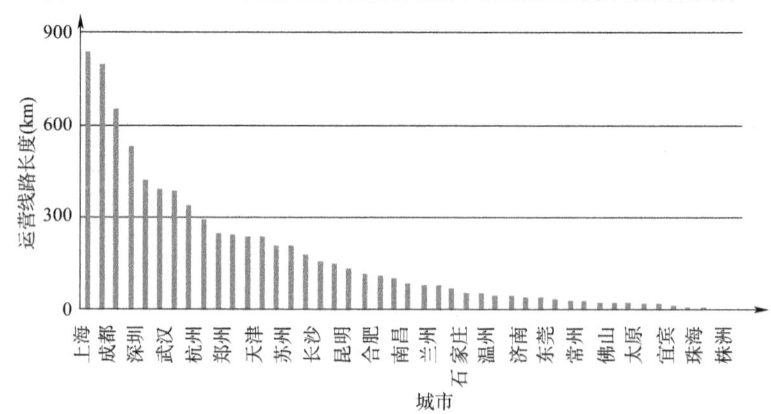

图 1-2　2020 年底部分城市已开通运营城市轨道交通线路长度分布

1.1.2　网络化运营管理特征

研究网络化运营，首先要明确网络化运营的概念及其特征属性。

笔者认为，网络化运营是在城市轨道交通线网发展到由若干条线路有经有纬、交错衔接形成整体的网状系统时的运营。该系统应强调实现自身整体功能和满足规模效应的客观发展要求。

2020 年底我国部分城市轨道交通在建线路规模及规划线路规模如图 1-3、图 1-4 所示。

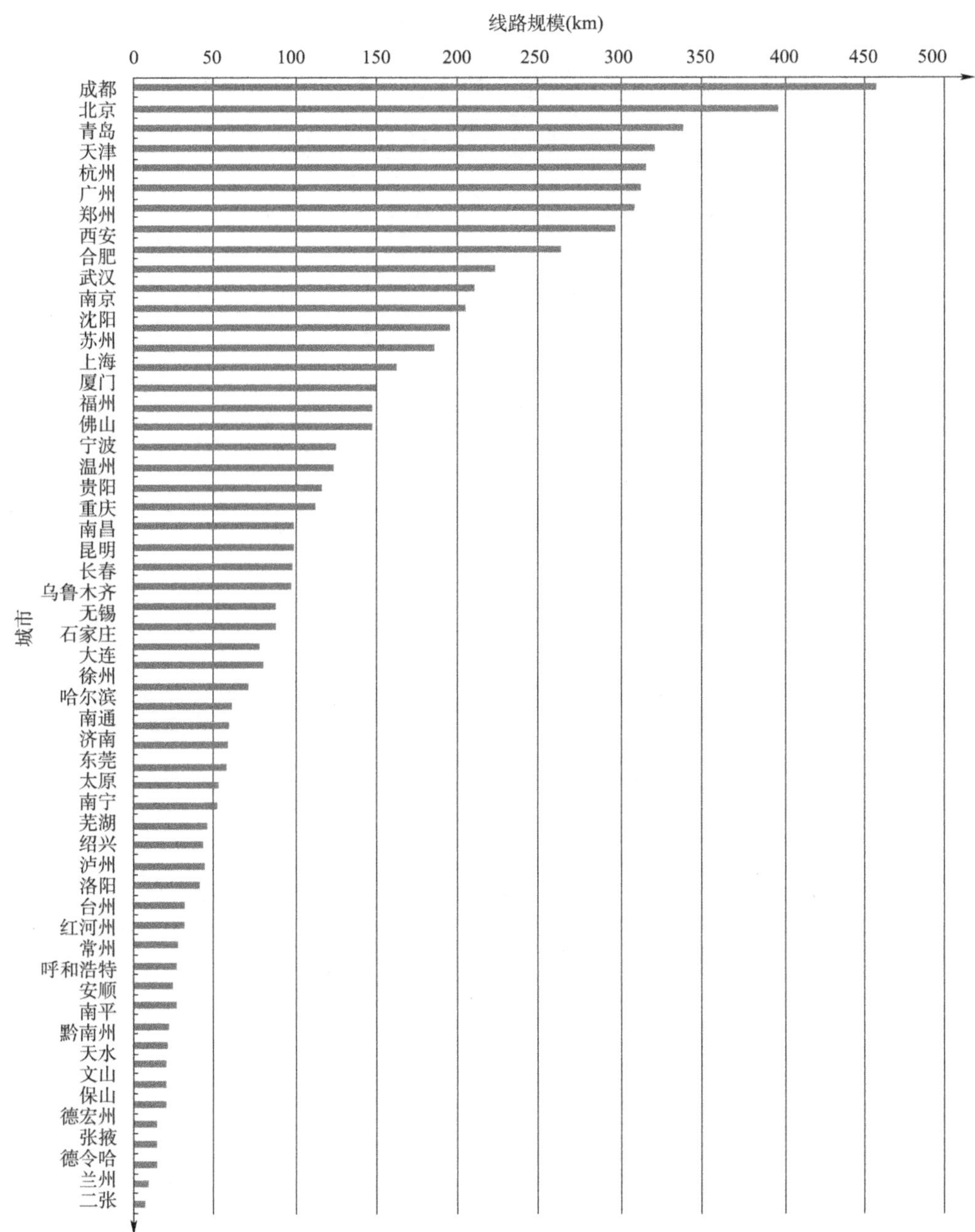

图1-3　2020年底我国部分城市轨道交通系统在建线路规模

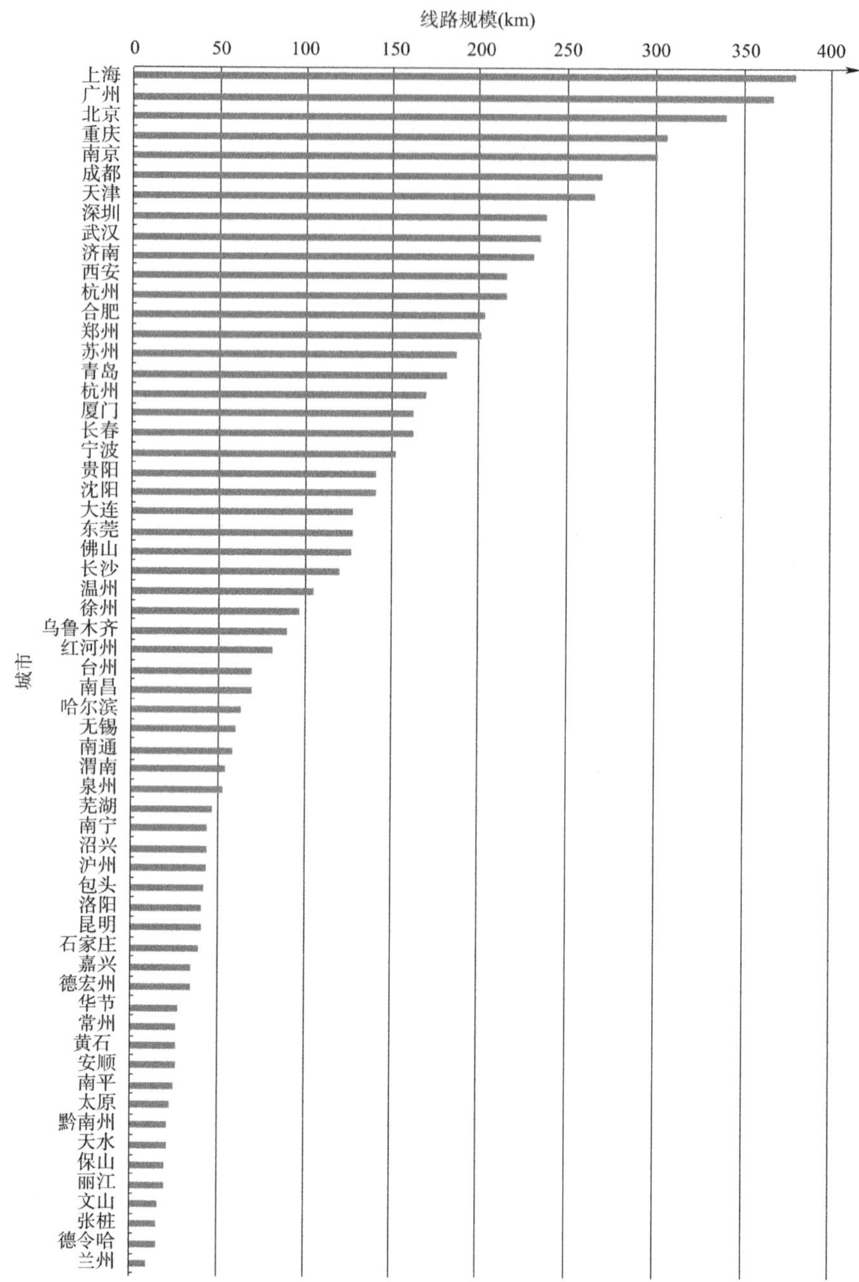

图 1-4　2020 年底我国部分城市轨道交通系统规划线路规模

线网规模具体发展到什么标准才算是网络化运营，业界对此有着不同的定义。根据《城市轨道交通行车组织规则》（JT/T 1185—2018）的定义，城市轨道交通网络化运营是建立在多线路组成的城市轨道交通线网的基础上，旨在高效满足出行者需要的安全、可持续的运输组织方法与经营行为的总称。多线路组成的线网具备以下特征：线路数 4 条及以上，线路关联形成网格状，基本连通、覆盖城市中心城区；基本实现中心城区 1km 半径内能找到城市轨道交通车站，站点布局可达性强；换乘站 3 座及以上，不同线路间可实现无障碍换乘。

综上可见，相对于单线运营，受城市轨道交通网络结构复杂性、线路制式和功能多元性、客流需求时空分布波动性等多重因素影响，网络化运营面临着前所未有的挑战，主要体现在客流规模大且构成复杂、运营组织瓶颈凸显、协调范围广且难度大、公众服务需求持续高涨四方面。

客流规模大且构成复杂。随着城市轨道交通网络建设进程的加快，城市轨道交通线网客流节节攀升。根据中国城市轨道交通协会统计，2020 年在疫情影响下，我国城市轨道交通全年累计完成客运量 175. 9 亿人次。其中，北京、上海、广州、深圳客运量分别达 22. 9 亿人次、28. 4 亿人次、24. 2 亿人次、16. 3 亿人次。同时，随着线网规模的不断扩大，路网的通达性增强，乘客组成更加多元化，出行时间跨度更长、换乘方式更多，客流时空分布的波动性增强，导致线网客流出行规律和出行特征更复杂，也更难掌握。

运营组织瓶颈凸显。网络化运营条件下，网络中多线路在换乘站的交汇对行车组织和车站设备、空间资源利用等提出了更高要求。但一方面因线路规划客流预测启动较早，普遍存在预测客流与实际偏差较大的现象，以广州地铁 3 号线和 3 号线北延段为例，工程可行性研究阶段预测初期客流分别为 40. 1 万人次、16. 6 万人次，实际开通初期客流分别为 69. 6 万人次、49 万人次，误差为 73. 6% 和 195%，开通初期的客运量超过了远期的预测客运量，导致线路设备的规划设计能力有限，车辆的载客能力与车辆基地的停放能力不足，开通初期就需要增购新车和扩建车辆段。另一方面，随着城市轨道交通网络格局的逐步形成，通达性增强，带动线网客流规模持续攀升，部分线路的客流增长速度超过预期。以广州地铁为例，目前途经城市核心区的1、2、3、5号线和3号线北延段线路，高峰时段运能严重吃紧，最大满载率高达150%左右，导致线网运能与客运需求的矛盾和瓶颈日益突出。

协调范围广且难度大。随着线网规模的不断扩大，换乘节点不断增多，线路间制约性逐渐增强，加之其他交通方式（民航、铁路等）衔接需求的多重性，进一步加大了城市轨道交通网络化运输组织的协调难度和广度，包括城市轨道交通网络各线路运输能力和运营服务时间的协调以及城市轨道交通与其他衔接交通方式的协调等。此外，网络化运营阶段还需重点关注行车与客运组织协调，因为受车站疏散能力的限制，当换乘站出现大客流拥堵时，为确保安全，需要对本线甚至邻线的列车采取扣车延后到站、抽线降低客流供给速度、不停站通过换乘站等行车控制措施，这使行车组织与客运组织更加密不可分，既相互依托，又相互影响。

公众服务需求持续高涨。城市发展及轨道交通网络的完善大大提高了城市轨道交通线路的通达性，加上安全、准点、快捷等优点，城市轨道交通运输整体优势得到充分体现，从一种“可选项”逐步成为市民出行的“必选项”，最后成为一种生活的“习惯”。在这种情况下，一是市民对城市轨道交通运输服务的依赖性很强，对其服务的质量要求日益提高，如坐地铁赶飞机误点等会发生投诉、索赔等情况；二是城市轨道交通线网不断延伸，拉近了市中心区域与市郊、周边卫星城镇的距离，但从另一角度来看，长距离出行者希望列车减少停站时间、提升列车运行速度、减少总行程时间的需求增强，如广州地铁4号线一端连接南沙区，当地居民希望长交路采用“大站快车”模式，但是该线路没有预留列车越行的线路条件，主要的行车设施设备不能从根本上解决问题；三是公众关注度、舆论监督力度提升，一些原本微不足道的事件很容易被放大为公众话题。

1.2 设施设备可靠性管理概况

良好的运行可靠性是城市轨道交通运营服务品质的基本保障。城市轨道交通作为一种复杂的、高耦合度的工业控制系统，系统的运行可靠性与网络中的每条线、每个设施设备及其关键零部件的可靠性直接关联。

1.2.1　设施设备管理特点

随着线网规模的不断扩大和网络化运营的持续深入，网络化设施设备管理面临的难度与广度与日俱增，主要体现在以下四方面：

设施设备种类多样化。随着新线的不断接入，新设备、新系统、新需求不断涌现，网络化设施设备管理普遍面临着系统体量庞大、设备分布广、种类多样、技术复杂、维保技术要求高、强度大、夜间维护窗口时间缩短、作业量增大等共性问题。行车设备是保证轨道交通运行安全、提高运输能力和效率的基础，该类设备管理存在的问题亟需解决。

以国内某地铁为例，其开通运营线路 10 条，开通车站 174 座，年客运量约 7.98 亿人次，目前设施设备共有 23 个专业类别（图 1-5），1362 种设施设备子类，119 万余台（套）设施设备，资产规模超 1800 亿元，物资种类为 71000 余项，其中电客车 14 种车型、291 列、1636 辆；信号系统包括西门子、泰雷兹、恩瑞特、卡斯柯 4 个品牌；轨道、接触网等达 4300 余公里；UPS 设备有 22 个品牌、157 种型号、4133 台，蓄电池有 66 个品牌、105532 节。

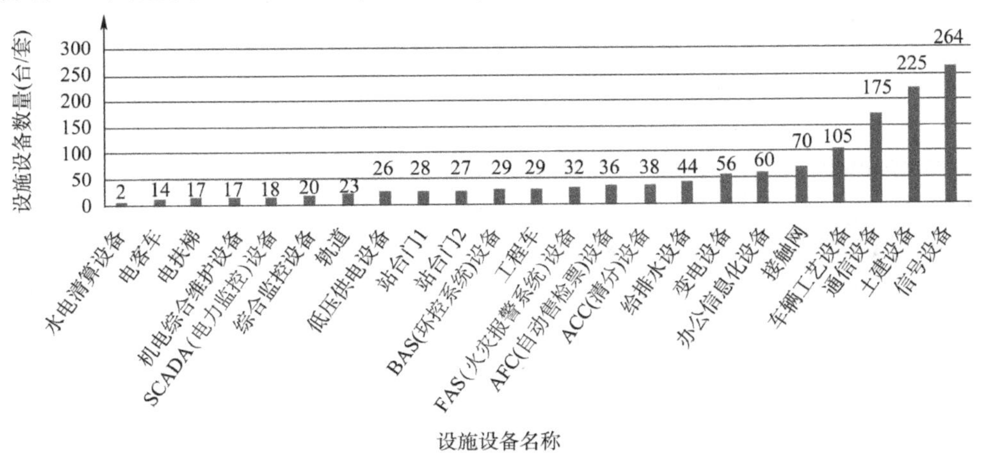

图 1-5　某地铁各专业系统设施设备分布数量

设施设备老化严峻。这主要体现在既有线路设施设备上。老化包括有形老化和无形老化两种。既有线路设施设备会随着时间的推移逐步磨损、变形、断裂等，也会由于技术更新、生产工艺改进而发生使用价值或经济价值降低的现象。

图 1-6 所示为 CoMET 协会（世界地铁协会）与 NOVA 协会（国际地铁协会）统计数据［其将全球多家城市轨道交通企业按照开通年限分为三类，分别为青年期（<20 年）、中年期（20~50 年）、老年期（>50 年）］，列出了近 5 年 5min 以上延误事件次数。与 50 年前开通的城市轨道交通系统相比，近 50 年内开通的城市轨道交通系统延误件次显著降低。一方面，青年期城市轨道交通系统具有天然优势，设计之初就采用了最先进的技术与系统，相比之下中、老年期（20 年前开通的）城市轨道交通系统则显得比较落后，即发生了无形老化；另一方面，随着运营年限的增长，中、老年期城市轨道交通系统设施设备的有形老化也十分严重，致使故障频发。

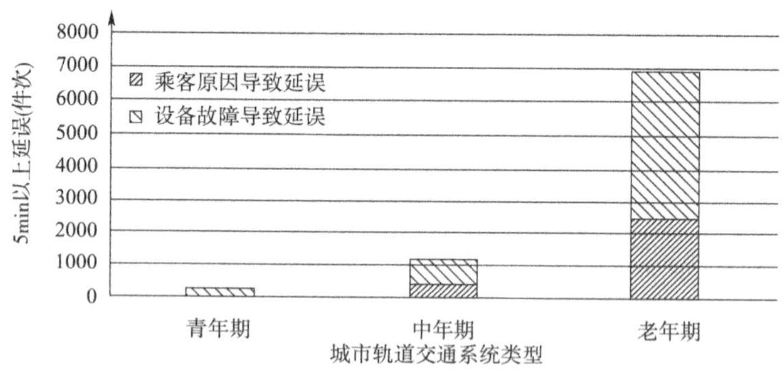

图 1-6　运营年限对系统可靠性的影响

注：数值为中位数。选用中位数是因为个别地铁某年度数据变动较大，中位数不受数组中的极大和极小值影响。

设施设备运维成本剧增。城市轨道交通设施设备维修费用包括列车及各专业设备的维修材料费、委外维修费及维修工器具的消耗费用等。随着线路运营时间的增长，设施设备开始老化，特别是运营 5~10 年甚至更长时间的线路，一方面电客车等设备进入架大修期，故障率明显上升；另一方面，通信、信号等关键设备系统，使用寿命一般为 15~20 年，进入使用后期（运营 10 年后）后，设备的可靠性会有一定程度的下降。

运营企业进行设备更新改造所需的资金规模是非常庞大的。以广州地铁为例，在不考虑车辆增购的情况下，预计近5年对既有线网的更新改造资金需求将达到40亿元，主要涉及车辆、机电、供电、信号等设备和系统。可以预见的是，日后资产更新改造规划的资金需求将会随着经营期线网规模的完善、运营年限的增长而逐步增加。

维修资源共享性要求高。随着新线路陆续投入使用，新旧线路因其设备生命周期处于不同阶段，对线网的影响程度不同，其维护资源的投入应有所差异。若仍使用单线路的维修策略，则会造成过维修及欠维修的情况同时出现，不仅浪费大量维修资源，造成维修费用上涨，而且不能有效保障线网的可靠性。伴随着城市轨道交通行业的快速发展，如何不断改进和完善运营可靠性管理为乘客提供优质服务已成为城市轨道交通运营单位的迫切需求。

1.2.2　可靠性管理的关键问题

设施设备管理的关键在于可靠性管理。考虑在实际运营中，乘客关注的是其出行过程中的服务质量，系统可靠性通常难以被乘客直接理解。本书将以列车服务可靠性来表征设施设备可靠性发展趋势。

通过分析CoMET协会与NOVA协会的各城市轨道交通系统可靠性数据发现，随着网络化运营的不断发展，既有线路的设施设备逐步老化，新线投入初期设施设备可靠性表现不稳定，城市轨道交通网络的整体可靠性表现呈逐步下降趋势（图1-7）。

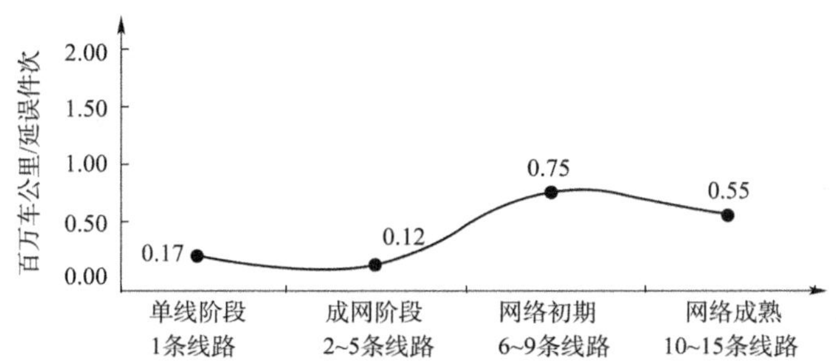

图1-7　单线运营到网络化运营可靠性变化趋势

通过分析广州地铁线网列车服务可靠性的数据发现，设备故障和乘客原因是导致列车服务可靠性降低的主要诱因。其中，信号系统、乘客原因和车辆系统导致的晚点（列车晚点事件的简称）累计占比达77%（图1-8）。

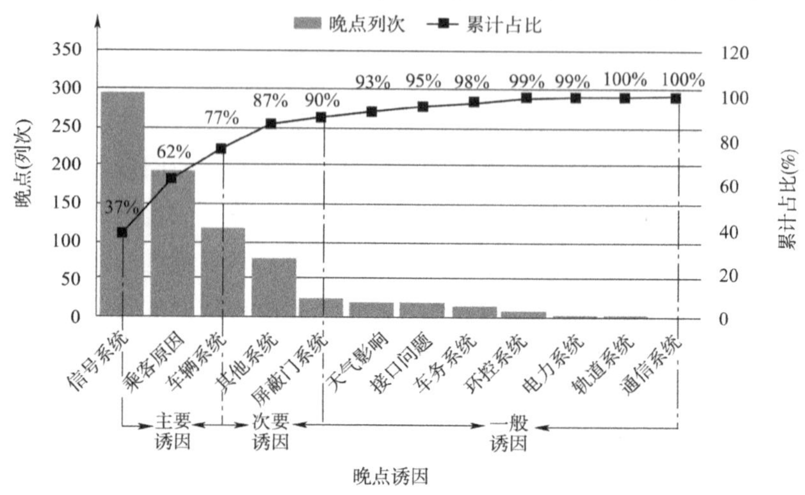

图1-8　广州地铁线网列车服务可靠度的主要诱因分析

乘客原因晚点诱因。主要体现在线网客流疏运压力大、线路运输能力提升难、车站疏散能力有限3个层面，折射出的主要是设计阶段车站站台面积小、换乘通道通行能力不足以及折返能力有限、配线设置不合理等问题。

系统（设备）故障晚点诱因，主要体现在设计阶段系统可靠性分配欠缺、配线设计的灵活性和应急能力不足，建设阶段设备供货商的选择、安装质量验收标准不完善，运营阶段设施设备维修管理模式和检修质量有待提升几个层面。

由此可见，城市轨道交通设施设备可靠性管理存在于全生命周期，在设计阶段“奠定基础”、在建设阶段“进行保障”、在运营维护阶段“进行最大限度表现”。因此，为有效应对未来大规模线网运营带来的设施设备可靠性管理压力，满足未来运营可靠性预期目标，应以网络整体最优为出发点，以提高城市轨道交通安全性、效率、经济性为导向，以保证服务可靠性为前提，借助设施设备可靠性理论方法，结合城市轨道交通运营管理经验，分析网络化运营可靠性的本质特征，开展构建基于可靠性理论的设施设备全生命周期健康管理体系研究。

1.3 小结

从单线运营到网络化运营，是一个从量变到质变的过程，不仅网络叠加效应引发客流跳跃式的增长，网络连锁效应也更复杂而迅速，可谓“牵一发而动全身”，任何一条线路出问题，都有可能引起对相邻其他线路的冲击，甚至波及整个线网运营。可以说，网络化运营既是机遇也是挑战。本章通过重点分析我国城市轨道交通网络化运营发展现状与趋势，系统总结并阐述了网络化运营特征、网络化运营条件下设施设备可靠性管理特点及面临的关键问题，为后续对网络化运营条件下设施设备健康管理的研究奠定了基础。

第2章
设施设备可靠性健康管理理论

城市轨道交通设施设备管理总体呈现点多面广、安全风险高的特点。保持和提升设施设备的可靠性是设施设备维护管理的核心任务，而如何管控城市轨道交通设施设备的系统风险，如何识别设施设备的故障风险，如何预防设施设备的故障，如何使设施设备的维护策略满足这些需求，是各城市轨道交通运营企业都在积极探索的课题。经过多年的技术研究和实际应用，笔者在设施设备可靠性健康管理方面形成了不少理论体系和方法。由于篇幅有限，本章重点介绍其中有代表性的、较为成熟的理论方法。

2.1　可靠性的概念及特征量

研究可靠性，首先要理解可靠性的概念及衡量指标。

2.1.1　设施设备可靠性的概念

根据国际电工学会标准《国际电工词汇　第191章：可靠性和服务质量》（IEC 60050-191-1990），可靠性是指产品在规定的条件下和规定的时间内达到额定性能的能力。

产品，指可以单独研究、分别试验的任何部件、组件、设备或系统。它可以由硬件、软件或兼由二者组成。根据产品的性质可将产品划分为不可修复产品和可修复产品。城市轨道交通设施设备大多数为可修复产品。

规定的条件，指产品使用时的载荷条件、环境条件以及储存条件等。规定的条件不同，产品的可靠性表现不同。例如，一个轴承在不同的负载下其可靠性有所不同；又如，长期工作在潮湿或干燥环境中的道岔转辙机，其可靠性也是不同的。

规定的时间，指产品的工作时间。一般而言，产品在经过投入使用初期的磨合阶段后将进入一段平稳工作时期，而随着时间推移，可靠性愈来愈低，故障发生愈来愈频繁，最终报废。换言之，产品的可靠性不是一成不变的，应在规定时间内进行可靠性分析与评价。

规定的功能，指产品应达到的技术指标。根据产品完成规定功能的能力强弱来评判可靠性。若产品丧失规定功能，则称其失效。至于如何判断是否失效，则需要先确定失效模式与失效判据。

如图2-1所示，设施设备可靠性包含设施设备固有可靠性和任务可靠性。

固有可靠性，是设施设备在设计和制造时产生的，是一种狭义上的可靠性。具体由设计决定、制造实现，是产品的“先天属性”。故在设计阶段一定要认真按照“固有可靠性设计准则”进行设计，避免在源头就出现问题。

任务可靠性，指设施设备在一定的运行条件下具有可靠性发挥的能力，它是一种广义上的可靠性。任务可靠性受到环境条件、载荷条件、人为操作等多方面因素影响，对于可修复产品而言，还受到维修维护方式的影响。如能采取科学有效的维保措施，可在一定程度上保持与提升产品的任务可靠性。

图 2-1　固有可靠性与任务可靠性的影响因素

2.1.2　设施设备可靠性的特征量

设施设备可靠性也可以用一定的描述量来描述，这些用来描述设施设备可靠性的描述量一般定义为特征量。设施设备可靠性特征量主要包括故障率、平均无故障时间（Mean Time Between Failures，MTBF）、可用性（设备利用率）、平均修复时间（Mean Time to Repair，MTTR）、可靠度等指标。

故障率，是指在 t 时间内设备发生故障的概率。其计算公式为：

$$F(t) = P(T \leqslant t) = \int_0^t f(t)\mathrm{d}t \tag{2-1}$$

其中，$f(t)$ 为设备的故障分布密度函数，一般服从指数分布/威布尔分布（Weibull Distribution）。

平均无故障时间，是指相邻两次故障之间的平均工作时间，统计单位为 h。

可用性，是指设备在规定的条件下，在任意随机时刻需要和开始执行任务时，处于可使用状态的程度。其计算公式：可用性 = MTTR/（MTBF + MTTR）。

平均修复时间，是指修复设备的平均修复时间，就是从出现故障到完成修复的这段时间（包括故障诊断、备件准备、赶往现场时间）。其计算公式为：MTTR = 故障时间单位总数/故障总数。

可靠度，是指系统在规定条件下和规定时间内保持工作能力的概率。用 0 ~ 1 表示，越接近 1，可靠度越高，一般记为 R。可靠度是时间的函数，故也记为 $R(t)$，称为可靠度函数。设 N_0（N_0 相当大）个产品，从时刻 t_0 开始使用，到时刻 t 有 $r(t)$ 个产品发生故障，余下 N_s 个产品未发生故障，则：

$$R(t)=\frac{N_s(t)}{N_0}=\frac{N_0-r(t)}{N_0} \tag{2-2}$$

一般固有可靠性用可靠度来度量，任务可靠性用失效率来度量，包括用故障率、平均无故障时间/距离等指标来度量。但在实际运营中，乘客关注的是其出行过程中的服务质量，行业内目前多用列车服务可靠度来衡量城市轨道交通设施设备任务可靠性，即在规定时间、规定条件下系统发生 5min 及以上延误事件之间的平均无故障距离。

2.1.3　设施设备失效分级

谈可靠性必谈失效，二者息息相关。从字面上理解“失效”，即“失去效果”，根据《电工术语　可信性与服务质量》［GB/T 2900.13—2008/IEC 60050（191）：1990］的定义，失效指产品完成要求的功能的能力的中断；失效后，产品处于故障状态。“失效”更常用于不可修复产品，而“故障”更常用于可修复产品。其次，“丧失规定的功能”内涵非常丰富，丧失什么功能、功能丧失到什么程度算失效呢？因此，还需再对失效模式进行明确，对失效等级进行划分。

失效模式可以理解为失效在设备上所体现的结果，可以通过人的观察而发现或使用仪表进行测量。失效模式分析是可靠性管理的基础，因此它很重要。城市轨道交通设施设备的失效模式十分复杂，且与材料、工艺、维护维修、运行环境等多种因素相关，而且在设计、建设、运营的各个阶段都有可能变化，因此无法进行完整、细致、精准的统一描述。不同失效模式对系统可靠性的影响是不同的，不能一概而论。应从失效发生的频率、失效产生的后果严重性、失效是否容易被检测到这几个方面综合判断失效等级。合理、准确的失效等级划分能为可靠性管理提供重要的依据。

如图 2-2 所示，笔者以对运营晚点影响程度为出发点，提出了城市轨道交通设施设备失效等级。失效等级根据失效对线网的影响程度划分为功能失效、任务失效、服务失效三个等级。

图 2-2　城市轨道交通失效等级

功能失效：设施设备系统可以正常工作，但不能满意地实现预期功能，在行业内一般指发生 2 ~ 5min 晚点；**任务失效**：设施设备系统受到严重损伤或其他因素影响不能可靠而安全地工作，在行业内一般指发生 5 ~ 30min 晚点；**服务失效**：设施设备系统无法正常工作，会造成运行线路无法正常提供运营服务，在行业内一般指发生 30min 及以上晚点。

目前，失效模型最常用的 4 种分布函数类型为指数分布、威布尔分布、标准正态分布、对数正态分布。符合典型分布函数类型的设备如表 2-1 所示。

符合典型分布函数类型的设备　　表 2-1

分 布 类 型	适用的设备
指数分布	具有恒定故障率的部件，无冗余的复杂系统，经老练试验并进行定期维修的部件
标准正态分布	飞机轮胎及某些机械产品
对数正态分布	电机绕阻绝缘、半导体器件、硅晶体管、易产生金属疲劳的设备等
威布尔分布	电容器、滚珠轴承、继电器、开关、断路器、电子管、电位计、电动机、电缆、蓄电池、材料疲劳等

文献［10］依据表 2-1 中各分布函数，提出可靠度 $R(t)$ 可分别表示为：

指数分布：

$$R(t) = \mathrm{e}^{-\lambda t} \tag{2-3}$$

标准正态分布：

$$R(t) = \int_{\frac{t-\mu}{\sigma}}^{\infty} \frac{1}{\sqrt{2\pi}} \mathrm{e}^{\frac{-x^2}{2}} \mathrm{d}x \tag{2-4}$$

对数正态分布：

$$R(t) = 1 - \frac{1}{\sqrt{2\pi}}\int_{-\infty}^{x} e^{-\frac{x^2}{z}dx} \tag{2-5}$$

威布尔分布：

$$R(t) = e^{-\left(\frac{t}{\eta}\right)^{m}} \tag{2-6}$$

2.2　可靠性管理理论

2.2.1　设施设备可靠性管理要点

传统的设施设备可靠性管理是针对单个设备构建的，即指为了提高运营生产效率而对设施设备进行的设计、选型、维修和改进等各种技术活动和管理活动。具体包括设施设备的设计、建设、运营三个阶段，且各阶段设施设备可靠性管理的侧重点不同，具体如图 2-3 所示。

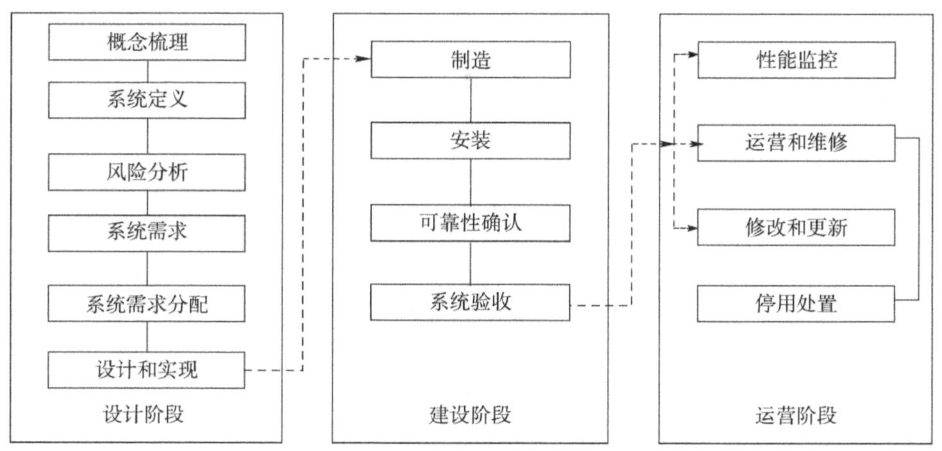

图 2-3　设施设备可靠性管理关键流程

（1）设计阶段，可靠性管理的侧重点倾向于系统可靠性分配与设计实现两方面，尽量把不可靠的因素消除在设计过程的早期。具体管理内容包括“概念梳理—系统定义—风险分析—系统需求—系统需求分配—设计和实现”环节。

（2）建设阶段，可靠性管理的侧重点倾向于标准的执行，即可靠性的指标标准的确认，必须要求设施设备在设计制造过程中满足各类标准要求，并在安装调试中进行合理调试和确认。具体管理内容包括“制造—安装—可靠性确认（包括安全验收和调试）—系统验收”环节。

（3）运营阶段，可靠性管理的侧重点在于如何制定一套“设备状态监测→维修周期和方式决策→设施设备更新改造计划制定”的全链路维护方案，确保设施设备固有可靠性得到最大的表现。具体管理内容包括“性能监控—运营和维修—修改和更新—停用处置”环节。

具体各阶段管理内容详见表2-2。

全生命周期可靠性管理一般工作内容 表2-2

生命周期阶段	步骤	一般工作
设计阶段	概念梳理	确定城市轨道交通项目的用途和范围，定义城市轨道交通项目概念，进行财务分析和可行性研究，设立管理机构
	系统定义	确定系统任务概要，拟定系统描述，确定运营和维修策略，确定运营环境，确定维修环境，验证现有基础设施约束的影响
	风险分析	开展项目相关的风险分析
	系统需求	开展需求分析，指定系统所有的要求，指定系统需处的环境，定义系统论证和验收准则，建立确认计划，确定管理、质量和组织需求，实施变更控制程序
	系统需求分配	明确子系统和部件要求，规定子系统和部件验收准则
	设计和实现	编制计划，设计和开发，设计分析和测试，设计验证，实施和确认，进行后勤保障资源设计
建设阶段	制造	编制生产计划，零部件的制造和测试
	安装	组装系统，安装系统
	可靠性确认（包括安全验收和调试）	调试，进行运营前的试运行，进行培训
	系统验收	以验收准则为基础实施验收程序，汇集验收证据，投入运行，继续试运行工作

续上表

生命周期阶段	步　骤	一 般 工 作
运营阶段	性能监控	收集运营性能统计数据，获取、分析和评审数据
	运营和维修	长期系统运营，进行计划内维修；执行计划内培训方案
	修改和更新	实施修改请求程序，实施修改与更新程序
	停用处置	停用和报废处置计划编制，执行停用计划，进行处置

2.2.2 设施设备可靠性管理理论

目前，可靠性管理理论主要集中在固有可靠性分配和基于任务可靠性的设施设备维修理论，建设阶段可靠性管理理论目前较少。

(1) 固有可靠性分配理论。

固有可靠性分配方法，主要有无约束可靠性分配和有约束可靠性分配方法两类。

无约束可靠性分配方法，常用的有串联分配法、并联分配法、重要度和复杂度分配法。

串联分配法：它将系统看作由 n 个单元串联而成，设系统可靠度目标为 R_s^*，各单元的可靠度目标为 R_i^*，则满足如下关系：

$$R_i^* = \sqrt[n]{R_s^*},\ i=1,\ 2,\ \cdots,\ n \tag{2-7}$$

在各个单元的可靠度差别很小、复杂程度与重要程度均高度相似的情况下，可以采用这种方法，因为它的计算最简单。但很多系统都不适用等分配法[式 (2-7)]，因为一般的系统中各个单元的复杂程度与重要程度均存在差异，且并非简单的串联关系。例如，车辆系统直接关系到行车服务的准点，供电系统直接关系到运营安全，一旦出现故障很可能造成线路晚点，而进站闸机发生故障并不会造成晚点，显然不能给它们分配相同的可靠度指标。

并联分配法：它在某种程度上与串联分配法相反，每个单元的不可靠度(故障概率) 相乘得到最终系统的不可靠度，再用 1 减去不可靠度即为系统可靠度。并联的子系统越多，总体可靠度越高，故障概率也更低。

重要度和复杂度分配法，即“AGREE” 分配方法，其基本思想是：重要的单元，其分配的可靠性指标应当按比例增大；复杂的单元，由于比较容易出故障，可靠性指标可以分配得低一些。

此法用于能获取产品各单元重要度和复杂度定量数据时的可靠性分配，适用于系统任务可靠性的分配。其中，重要度是指子系统故障引发设备系统故障失效的比例；复杂度是指子系统的构成部件占设备系统部件总数的比例；子系统的可靠度目标是指为保证任务可靠性目标，设备系统在工作时间内不发生功能失效的概率。

设系统目标可靠度为 R_S^*；子系统 i 可靠度分配值 R_i^* 可由下式计算：

$$R_i^*(t_i)=e^{\frac{-t_i}{\theta_i}} \tag{2-8}$$

其中，θ_i 为分配给子系统 i 的平均无故障间隔时间；t_i 为子系统 i 的工作时间。

$$\theta_i=\frac{\omega_i t_i}{C_i(-\ln R_s^*)} \tag{2-9}$$

其中，ω_i 为子系统 i 的重要度；C_i 为子系统 i 的复杂度。

$$\omega_i=\frac{N_i}{r_i} \tag{2-10}$$

$$C_i=\frac{n_i}{N} \tag{2-11}$$

其中，N_i 为由子系统 i 故障引起系统故障的次数；r_i 为子系统 i 的故障次数；n_i 为子系统 i 的重要构成部件数；N 为系统的总构成部件数。

对于城市轨道交通系统设施设备的可靠性分配，可将 N 看作该系统近 3 年引发 5min 以上晚点的平均故障次数，将 r 看作子系统近 3 年平均故障次数。

注：“AGREE” 法中可靠性分配计算公式基于子系统的失效时间服从指数分布的假设。

有约束可靠性分配方法，常用的有直接搜查法、拉格朗日乘数法、动态规划法等，其核心是在系统固有结构的基础上，参考现实因素，如失效代价、失效判定成本等各类附加因素作为边界约束条件，借以精细化设计求解条件和过程，以期得到更精准且符合效益需求的可靠性分配结果。各方法对比表如表 2-3 所示。

有约束可靠性分配方法对比表　　表 2-3

分配方法	解决问题	实际做法
直接搜查法	在规定生命周期下，采用失效率加权的方法进行可靠性分配	先给出各单元的失效率初值 λ（该值由供应商提供或由经验设定），其次确定各单元权重 ω
拉格朗日乘数法	在多种规定变量的上限条件下，寻找最优可靠性	解 $L(k_i, \lambda)$ 方程，求解约束条件下最佳的并联单元数
动态规划法	在规定可靠性条件下，寻找最佳的费用或能耗、质量等条件	在满足目标的条件下，求解 Min $\{C=\beta \cdot \propto / \ln\lambda\}$，选择对费用降低影响较大、对可靠性降低影响较小的解或解集，规划全局

以拉格朗日乘数法为例，其思路就是建立一个拉格朗日函数，使它包含可靠性目标函数、约束条件函数。将有约束条件求极值问题转化为无约束条件求极值问题。具体如下：设某系统包含的等效串联子系统数为 n，则拉格朗日函数 $L(k_1, \lambda)$ 的表达式为：

$$L(k_1, \lambda) = \prod_{i=1}^{n} (1 - F_i^{k_i}) + \lambda (W_0 - \sum_{i=1}^{n} W_i K_i) \tag{2-12}$$

其中，K_i 为第 i 个等效串联子系统中并联单元数；F_i 为第 i 个等效串联子系统中，单个单元的不可靠度；W_0 为系统的成本、质量等；W_i 为第 i 个等效串联子系统中，单个单元的成本、质量等；λ 为拉格朗日乘数。

在给定的特定条件下：

$$\frac{\ln F_i}{W_i} = C\text{（常数）} \tag{2-13}$$

对 $L(k_i, \lambda)$ 取偏导数求极值，经数学运算后可求得约束条件下最佳的并联单元数 K_i。

$\frac{\ln F_i}{W_i} = C$（常数）意味着每一个单元不可靠度的对数与其成本（或质量等）之比为固定值。也就是说，越可靠的单元其成本越高（或质量越大）。

（2）任务可靠性维修理论。

国外的先进管理理念主要是以可靠性为中心的维修理论（RCM）和预测式健康管理（PHM）。

以可靠性为中心的维修理论，是一种对重要设备的可靠性进行分析，以故障模式和故障影响分析为基础，以维修的适应性、有效性和经济性为决断准则，确定是否进行预防性维修工作，并确定工作的内容、维修级别、时机等的逻辑判断方法。其基本原则包括以下四方面：

一是以最小的经济代价来保持和恢复设备的固有可靠性和安全性。由于设施设备固有可靠性是设备在制造时被赋予的固有特性，有效的维修可以提高任务可靠性，或者防止固有可靠性水平的降低；优良的维护工作可以使设备接近或达到固有可靠性，但不能超过它。

二是设施设备故障有不同的影响或后果，应采取不同的维修方法。故障后果的严重性是确定要不要做预防性维修工作的出发点。对某个设施设备来说，故障是不可避免的，但后果不尽相同，所以重要的是预防故障的严重后果。安全性、隐患性后果要预防维修，反之则需按经济性原则确定是否预防。

三是设施设备的故障规律不同，应采取不同方式控制维修工作时机。对于有耗损性故障规律的设施设备进行定时拆修或更换，以预防功能故障或防止引起多重故障。对于无耗损故障规律的设施设备，定时拆修或更换常常是有害无益的，适宜于通过检查、监控，视情况进行维修。

四是预防维修能够预防和减少功能故障的次数，但是不能改变故障的后果。故障的后果都是由设备的设计特性所决定的，只有更改设计，才能改变故障的后果。安全性后果可以通过余度设计、破损安全设计、损伤容限设计等措施降低为经济性后果。

设施设备预测式健康管理理论（PHM），是一种利用失效机理、生命周期预测和全生命周期管理整合统筹优化技术，依据模型感知系统状态，推断系统剩余有限生命周期，并可支持维修和后勤优化和决策的方法。与可靠性管理贯穿于系统全生命周期的各个阶段相比，PHM 更加聚焦于运营阶段，并且通过持续加强、更新与优化已配置的传感器、计算模型与算法以及决策支持系统，优化维修组织，精准化配置维修资源，进一步提升系统的可用性，降低运维成本。总体实施过程包括以下六个阶段。

数据获取阶段，主要任务是识别相关设施设备的健康管理需要何类技术手段和实现方式。为此，可能需要通过失效模式分析、关键子系统识别等方式确定何类系统及单元需要何种有效且在成本考量范围内的数据监测。同时，还需识别需要重点监控的关键系统参数，且考虑不同系统间参数的相互影响和耦合关系。

信号筛查阶段，需要将系统各类数据通过一定的筛选、处理和对比，形成一系列具有关键特征的“信号量”，提取出能够有效推进 PHM 实施进程的支持信息。

数据检测阶段，对反映系统运行特征的“信号量”进一步进行分析评价，以确定系统运行表现并形成劣化趋势判别机制。如果 PHM 机制检测到了系统功能的异常前兆，就会在进行判断识别后触发下一阶段。

判别诊断阶段，当象征着设备状态劣化的异常状态数据被识别出来，就需要进一步通过分析确定故障或缺陷存在的位置、严重性，并识别其发生原因。这些信息至关重要，也是区分 PHM 和 CBM（基于状态的维护）过程的关键因素（CBM 仅利用这些数据判别系统工作状态）。

推算预测阶段，通过分析出的全部信息推演、预测设备未来健康度演化趋势，并推算设备剩余寿命。同时，通过对这些信息的分析，也可以圈定出一个合适的干预时机来实施对应级别的维修策略，使维修活动对设备运行的干预最小化，减少设备离线时间，提高可用性，以此实现设备的最大化利用。

整合建议阶段，收集前述五个阶段的全部数据和评价信息，与系统的其他可用信息和分析结论整合，再通过可视化的界面整合到更大的上一级信息平台中，为更高系统级层面的维修计划实施提供建议和参考。

国内近几年也通过学习和借鉴国外可靠性管理方法，逐步总结出符合我国国情的可靠性新思路，比较典型的是五全管理（即全面规范化生产维护，TnPM）。即以设施设备综合效率和安全生产效率为目标，以预防维修系统为载体，以规范员工行为为过程，全员参与的设施设备维修保养体制。

TnPM 对企业设备检修进行系统设计，提出了 SOON（维修体系）模型，建立了“五个六”架构，五阶评价标准化体系；还提出了员工成长的 FROG（员工成长方案设计）模式。近年来，TnPM 已在我国钢铁、石油、化工、汽车、家电、造纸、卷烟、建筑施工、机械加工等多个行业自主推进并成功实施，在提升企业装备管理水平的同时使企业取得了较好的经济效益。TnPM 对目标推进通常分为三个阶段：

第一阶段——建立组织，培训人才，确定目标，制订计划。

这相当于一个产品的设计阶段。在这个阶段，首先要建立企业的 TnPM 组织机构，尤其是 TnPM 的专职推进机构；其次要分不同层次展开 TnPM 培训。企业要利用各种媒体来宣传 TnPM，广泛造势，形成全范围的 TnPM 氛围。TnPM 的组织者要深入企业的各个部门，深入生产现场进行调查研究，了解现状，掌握资料，确定推进的基准和起点，然后再订立各阶段的推进目标。有了目标后，要制定推进的框架计划和实施计划时间表，落实责任到人。

第二阶段——“6S”切入，建立维修体系和员工成长方案设计。

这相当于产品的生产制造阶段。TnPM 应由简到难，从改变员工传统习惯开始。一般以“6S”（整理、整顿、清扫、清洁、安全、素养）活动为切入点，从设备和现场的清扫开始。在清扫的过程中，员工会发现大量问题，如污染源、故障源以及难以清扫的部位。在技术骨干员工的指导下，员工着手解决这些问题。然后制定适合设备现状的设备操作、清扫、点检、保养和润滑规范，进行设备检维修模式设计——SOON（策略—现场信息—组织—规范）体系，使之文件化和可操作化，甚至可以用展板、图解方式加以宣传和提示。在生产现场树立典型样板现身说法，向整个部门及全系统推广。当规范已被大多数生产现场所接受、执行之后，就可开始为改善生产现场征集合理化建议。TnPM 鼓励员工活跃地提出问题和解决问题，不断地改善生产现场。规范也随着现场的进步而不断改进和提高。随着企业现场不断改善、不断进步，员工的素养也应随着企业的进步一同成长，这就需要进行员工成长方案的设计，将员工的潜能发掘出来，推动企业的持续进步。

第三阶段——考核量化，指标评价，员工激励，循环前进。

这相当于产品的品质检验阶段。为了使员工的工作热情持久，使遵守规范成为习惯，使现场状况不断改善，建立起一个可以量化的考核评价体系是十分必要的。这个评价体系可以评价班组的进步状况、TnPM 的表现、现场的 6S 状况、规范化作业状况以及合理化建议状况；同时将这些评价结果加以综合，得到一个综合评估指标；然后和员工的奖酬、激励和晋升结合起来，对那些有突出贡献的员工给予特殊的奖励。所有这些激励均应做到制度化、透明化、公平化。长周期（如半年、一年）的评估，还应该对单位的经济指标，如 OEE（设备综合效率）、TEEP（完全有效生产率）、能源消耗、备件消耗、事故率、废品率、维修费用加以评价，对团队的总体成就给予奖励，促进团队协作风气的形成。以一年、两年、三年为周期，不断制订新的发展目标，周而复始地螺旋上升推进。

以上是 TnPM 开展的三个阶段。每个企业在具体实施 TnPM 时，可以将以上三个阶段再细化、展开为若干步骤。这些步骤如何设置，应视公司的具体情况、员工的素质、原有的管理基础而定。无论步骤有多少，也无论如何划分，上述三个基本阶段是不可少的。

2.3 基于可靠性的健康管理体系

设施设备健康管理的概念是随着进入 21 世纪以来设施设备维修策略从“计划修”到“状态修”再到“预防修”的转变过程中应运而生的。1978 年，RCM（以可靠性为中心的维修）理念在航空维修行业被提出，要准确有效地实施 RCM 及预防性维修，就必须在全面了解设备结构功能的基础上对设备的状态及其劣化过程有较为充足的把握，这样才能确保维修策略收到应有的效果。

现在低成本传感器的普及，物联网和通信技术的发展，信息技术以及各类数据集成和处理方法论的成熟，迅速推进了 RCM 维修策略的进化，并催生出以使用各类检测技术手段来实现对设施设备状态评估、预测和诊断的设施设备全生命周期健康管理体系。

考虑城市轨道交通系统是一个由多线路、多专业设备互联构成的复杂网络系统，单台设施设备在线网拓扑中可看作一个节点，当一台设备发生故障时，管理者迫切关注的问题是：该节点故障是否会引起其他关联节点的失效，甚至引起网络系统或网络系统中某条链路失效？要回答这个问题，我们就必须找到一种方式将设施设备与网络系统关联起来，将可靠性分析与城市轨道交通业务关联起来。因此，城市轨道交通设施设备可靠性管理应以网络整体最优为出发点，以提升城市轨道交通安全性、经济性、效率为导向，以保证服务可靠性为前提，借助设备可靠性管理理论，开展设施设备全生命周期健康管理。

基于以上论述及图2-4，笔者以城市轨道交通系统的服务可靠性为目标导向，首次系统性地提出了设施设备全生命周期健康管理理论技术架构（图2-5），即设计阶段聚焦可靠性分配的理论方法与设计策略，建设阶段聚焦可靠性实现的管理标准与评价反馈机制，运营阶段聚焦可靠性保持与提升（即聚焦基于“四象限”理论框架分类方法、差异化的可靠性维修策略体系）。

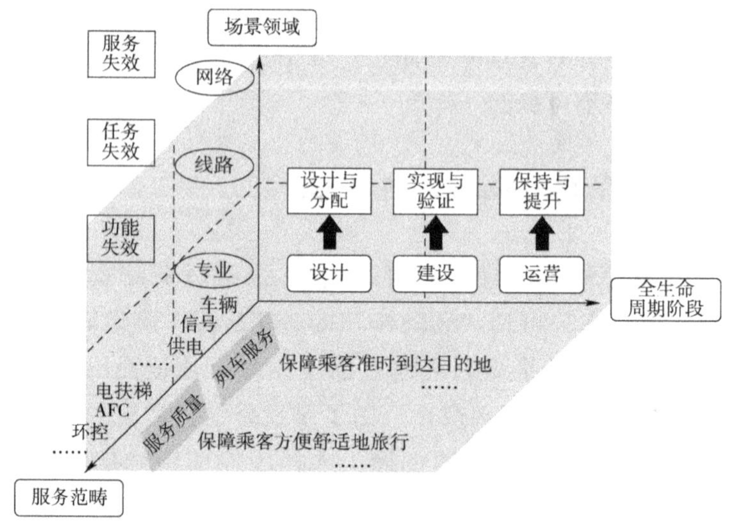

图2-4　城市轨道交通设施设备全生命周期健康管理架构

以上理论实施的步骤如下：

第一步，确定目标，即以未来大线网服务品质的需求为导向，确定线网服务可靠度的目标。

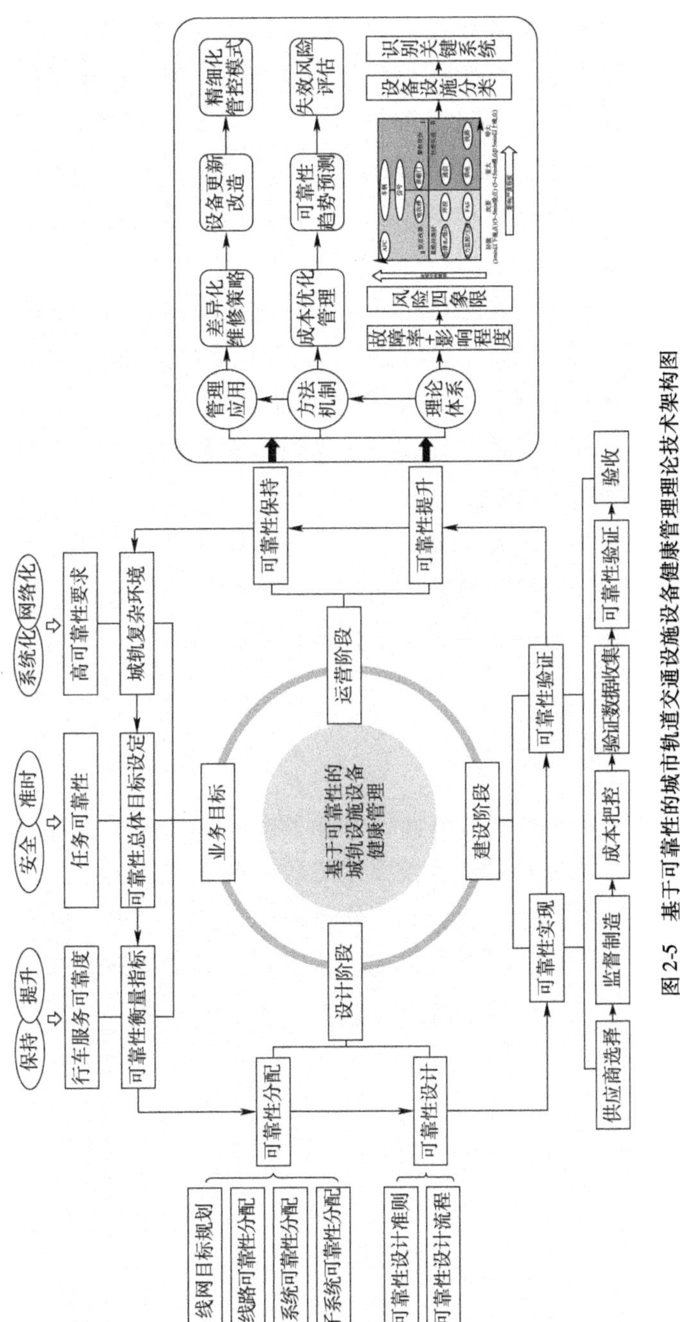

图2-5 基于可靠性的城市轨道交通设施设备健康管理理论技术架构图

第二步，实现目标，具体包括设计、建设、运营三阶段。

设计阶段的健康管理内容主要包括：①可靠性分配。从线网层面提出总体的任务可靠性目标，建立可靠性分配模型，将总体目标逐级分配至各条线路、各个专业、系统、子系统、设备及部件等。②可靠性设计。充分考虑运营需求，摸清设计条件、确定设计准则、制定设计流程，通过合理的可靠性设计提高设施设备的固有可靠性。

建设阶段的健康管理内容主要包括：①可靠性实现。通过明确供货商的选择标准、强化全流程质量保障措施，使设施设备的固有可靠性得以实现；②可靠性验证。构建制定设备可靠性验收流程，验证设施设备是否达到可靠性要求。③可靠性后评价反馈。构建设施设备新线运营评价体系，定期评估反馈形成可靠性实现管控的闭环管理。

运营阶段的健康管理内容主要包括：①开展设施设备重要度评价；②制定差异化维修策略；③开展失效风险评估，指导维修规程优化；④基于可靠性预测指导关键设备更新改造；⑤构建精细化运营管控模式。

2.4 小结

本章重点阐述了设施设备可靠性的概念和内涵，总结了设施设备可靠性管理的流程及其要点，通过对关键管控要点的研究现状进行剖析，提出了基于可靠性的城市轨道交通设施设备健康管理体系框架，提出了设计阶段聚焦可靠性分配与设计、建设阶段聚焦可靠性实现、运营阶段聚焦可靠性保持与提升的管理思路及其主要内容，为后续篇章内容的展开奠定了基础。

第3章 设施设备可靠性分配与设计

可靠性理论发展历史实践证明：任何设施设备改进可靠性、可维修性的最好途径都是在开始研制阶段就进行可靠性、可维修性的设计。“设施设备的可靠性是设计出来的”已然成为设施设备可靠性管理的一种指导思想，由此可见设施设备固有可靠性设计的重要性。本章将重点围绕定量的可靠性分配和定性的可靠性设计两方面内容展开阐述。

3.1　可靠性分配

可靠性分配是将可靠性的定量要求合理分配到分系统、设备、部件、元器件等单元的分解过程，这是一个从整体到局部、自上而下的分解过程。通过可靠性分配的结果，根据设定的目标要求，开展相关关键重点的子系统、部件等单元的原理图设计优化，或者在后续运营维修过程中对其进行重点关注，确保其安全有效地实现功能，保障系统、线路、网络的可靠性。

3.1.1　可靠性分配总体思路

考虑城市轨道交通属于技术密集且强关联的大型综合系统，其系统的可靠性特征是由线网上的各线路及其相互关联的设施设备系统综合赋予的，包括轨道、车辆、信号系统、供电系统等。可见，城市轨道交通网络可靠性分配涉及面广、设施设备种类多，必须在考虑网络整体最优的基础上逐步分解，以确保目标达成的一致性和统一性。

因此，城市轨道交通网络可靠性分配的关键是如何明确线网整体可靠性目标及线路级和设施设备级的可靠性分配方案，其总体分配思路及流程如图3-1所示。

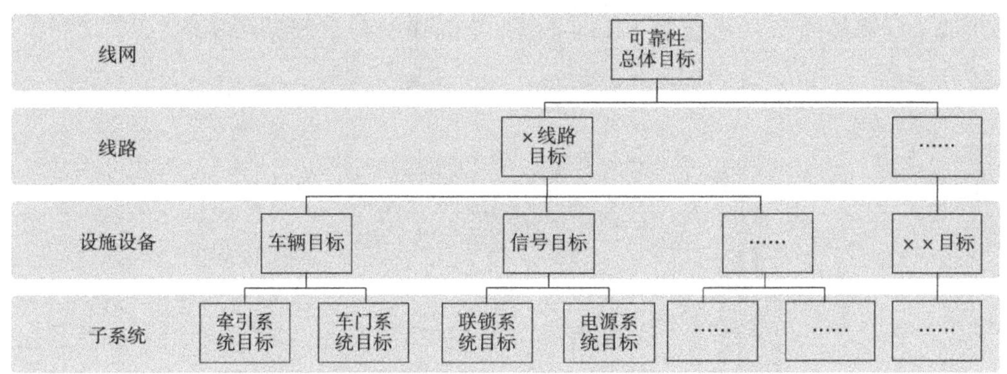

图3-1　城市轨道交通网络系统可靠性总体分配思路及流程

第一步：确定线网可靠性总体目标，即以城市轨道交通线网服务最优为目标，提出并明确线网可靠性目标。

第二步：建立线路可靠性分配方案，即参考行业最佳表现，分析并明确线路可靠性分配方法及其验证方法。

第三步：建立设施设备级可靠性分配模型，即研究如何将线路级系统可靠性分配到各设施设备，然后由设施设备分解到各子系统和零部件。

3.1.2 线网可靠性目标确定方法

对城市轨道交通而言，系统的功能可靠性是系统为达到预期的服务提供功能的能力，是系统工程技术方面的指标。服务可靠性是系统提供乘客所期望的运输服务的能力，是反映乘客体验的指标，同时与功能可靠性相关联，并且能够在运营条件改变或不确定因素出现时被准确评估。

鉴于此，笔者提出了城市轨道交通线网可靠性目标以网络服务可靠性目标为基准来设定的原则，即以网络列车服务可靠度的战略目标值为基准的原则。

接下来，以广州地铁“十三五”规划期间线网列车服务可靠度目标值的确定原则为例进行阐释。

根据 CoMET 2015 年公布的全球 32 家大型地铁企业 KPI（关键绩效指标）业绩表现（图 3-2），广州地铁列车服务可靠度位居前列。其中，广州地铁 2014 年的列车服务可靠度为 3.18 百万车公里/5min 以上晚点件次，位于世界前列（且明显高于广州地铁 2011—2013 年的线网列车服务可靠度）。

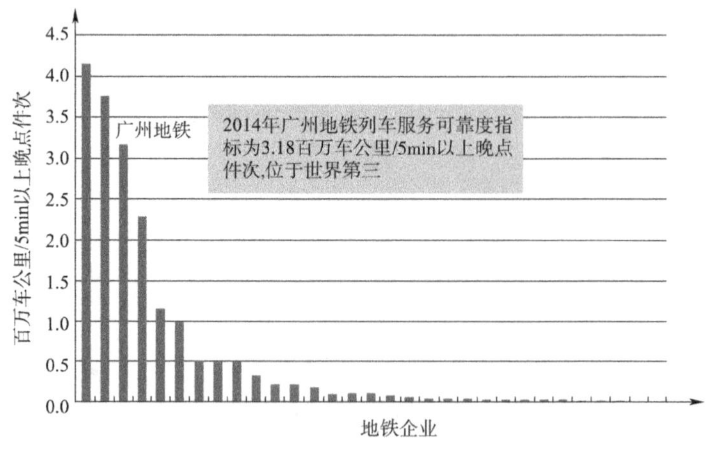

图 3-2 CoMET 公布的全球 32 家地铁企业列车服务可靠度表现（2015 年）

因此，2015 年广州地铁在制定“十三五”运营发展战略规划时即明确线网可靠性目标规划参考 2014 年线网可靠性表现（列车服务可靠度）来设定（图 3-3），即保持 2014 年 5min 以上晚点件次每周全线网不高于 1.4 件次的服务水平，再根据“十三五”规划期间每年预测的线网运营里程，推算出“十三五”规划期间每年的线网列车服务可靠度目标值，具体如图 3-4 所示。

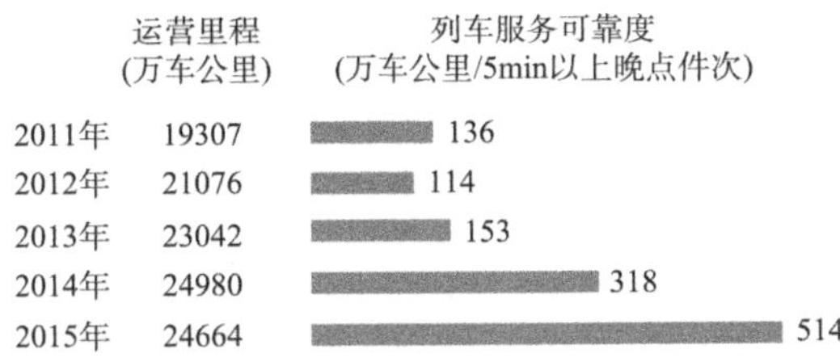

图 3-3　2011—2015 年广州地铁线网列车服务可靠度

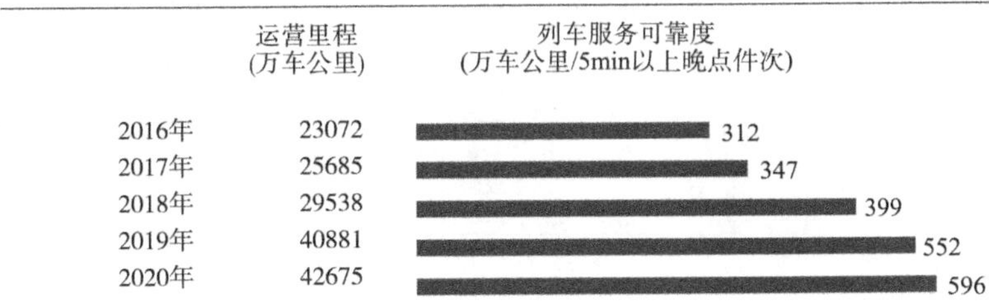

图 3-4　2016—2020 年广州地铁规划的线网列车服务可靠度目标

当然，从实际表现来，“十三五”规划期间，广州地铁线网列车服务可靠度表现远远高于规划目标值（图 3-5）。以上所陈述的是规划目标设定的原则及方法。

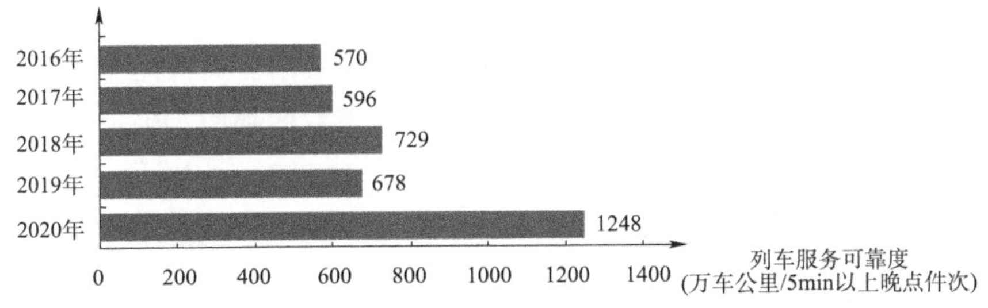

图 3-5　2016—2020 年广州地铁线网列车服务可靠度实际表现

3.1.3 线路级可靠性分配方法

城市轨道交通线网是由多条相互交互的线路组合而成，线网整体可靠性也是由各线路及其设施设备完成规定功能相互集成的结果。故线网可靠性分配首先要开展线路级可靠性分配。

如何进行线路级可靠性分配，目前相关领域研究尚属空白。笔者通过多年城市轨道交通线网运营的实践与探索，考虑既有线与新线可靠性表现的差异性，设计并提出了两种线路级可靠性分配方案（图3-6）。

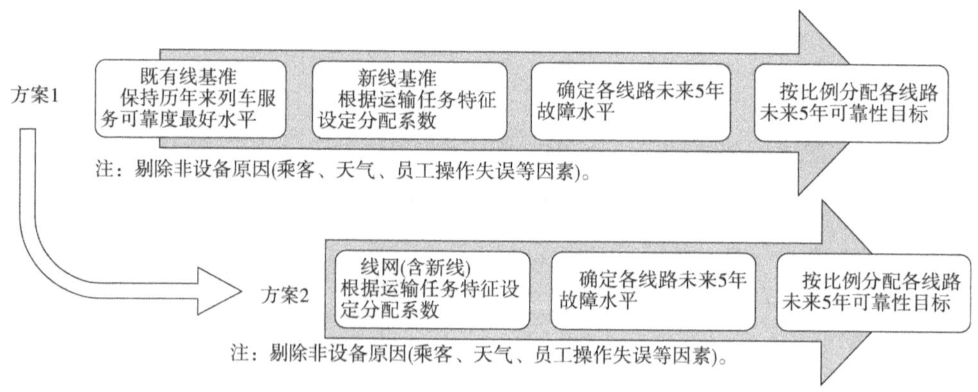

图3-6 线路可靠性分配指标计算流程

方案1：要求既有线保持历史最好水平。新线则根据关键特征变量的预测值计算列车服务可靠度预测值，并据此设定分配系数，进而基于线网列车服务可靠度总目标，确定未来5年线网各线路的列车服务可靠度水平，得到分配给各线路的可靠性目标。

方案2：线网各线路（包括既有线和新线）均根据关键特征变量来设定分配系数，基于线网行车服务可靠度总目标与分配系数的乘积，确定分配给各线路的可靠性目标。

无论哪种分配方案，关键在于识别分配特征变量，并建立分配系数模型。

（1）识别分配特征变量。

通过研究分析行业的最佳运营实践经验发现，城市轨道交通线网列车服务可靠性目标的设定要考虑与各线路的列车最小行车间隔、运营里程、设备年限、客流量等多个因素，如表 3-1 所示。各关联指标的影响程度则需通过相关性分析来确定。

列车服务可靠性的相关特征因素　　表 3-1

地铁名称	可靠性目标设定考虑因素	线网目标	线路目标
伦敦	每小时开行列次、最少行车间距、设备年限	×	√
圣地亚哥	车公里、设备年限、故障水平、可靠性历史数据	×	×
香港	车公里、设备年限、故障水平、可靠性历史数据	√	√
悉尼	车公里、车型及列车维修计划、运营时刻表	√	×
里约	车公里、车型及列车维修计划、运营时刻表	√	√
北京	车公里、故障水平	√	×

注：“×”表示不设定目标；“√”表示设定目标。

目前，表征相关性程度的系数有皮尔逊系数、Spearman 秩相关系数 2 种。

①皮尔逊系数。

对于 p 维随机向量 $\boldsymbol{X}=(X_1, X_2, \cdots, X_p)^{\mathrm{T}}$，$\boldsymbol{X}$ 的第 1 次观测值记为 $\boldsymbol{X}_{(1)}=(x_{11}, x_{12}, \cdots, x_{1p})^{\mathrm{T}}$，那么观测 n 次，即可得到 n 个观测值：

$$\boldsymbol{X}_{(i)}=(x_{i1}, x_{i2}, \cdots, x_{ip})^{\mathrm{T}}, i=1, 2, \cdots, n \tag{3-1}$$

则 $\boldsymbol{X}$ 的样本均值向量为：

$$\overline{\boldsymbol{X}}=(\overline{X}_1, \overline{X}_2, \cdots, \overline{X}_p)^{\mathrm{T}} \tag{3-2}$$

$\overline{X}_i=\frac{1}{n}\sum_{k=1}^{n}x_{ki}$，为样本均值。

$\boldsymbol{X}$ 的样本协方差矩阵为：

$$\boldsymbol{S}=(s_{ij})_{p\times p}, i=1, 2, \cdots, p, j=1, 2, \cdots, p \tag{3-3}$$

其中，$s_{ij}=\frac{1}{n-1}\sum_{k=1}^{n}(x_{ki}-\overline{X}_i)(x_{kj}-\overline{X}_j)$，为样本协方差。

$\boldsymbol{X}$ 的样本相关矩阵为：

$$\boldsymbol{R}=(r_{ij})_{p\times p} \tag{3-4}$$

其中，$r_{ij}=\frac{s_{ij}}{\sqrt{s_{ii}\cdot s_{jj}}}$，为样本相关系数，一般也称为“皮尔逊系数”，可用于衡量变量之间线性关系的强弱。

皮尔逊系数的取值范围为 $[-1,1]$，0 代表两个变量不相关，-1 代表两个变量具有负线性相关关系，1 代表两个变量具有正线性相关关系。相关系数越接近于 0，代表两个变量之间的相关关系越弱。因为现实世界中的大多数样本集都趋近于正态分布，所以皮尔逊系数具有渐进无偏性和有效性，通常会把不相关等同于相互独立。若数据集为非正态分布，那么皮尔逊系数仍然是渐进无偏的，但可能并非有效估计。

若 (X_i, X_j) 服从二维正态分布，那么皮尔逊系数 r_{ij} 与 F 分布具有如下关系：

$$F=\frac{(n-2)\ r_{ij}^2}{1-r_{ij}^2}\sim F\ (1,\ n-2) \tag{3-5}$$

判断 X_i 与 X_j 是否显著线性相关的接受域：$r_{ij}\geqslant\{F_\alpha(1,\ n-2)/[F_\alpha(1,\ n-2)+n-2]\}^{1/2}$，$\alpha$ 为显著性水平。因此，样本数 n 越少，要求 r 越大。表 3-2 是部分 n 和 α 的皮尔逊系数的显著性检验表。

根据皮尔逊系数衡量线性相关性的显著性检验表 表 3-2

α	n				
	10	20	30	50	100
0.01	0.765	0.561	0.463	0.361	0.256
0.05	0.632	0.444	0.361	0.279	0.197
0.10	0.549	0.378	0.306	0.235	0.165
0.20	0.443	0.299	0.241	0.184	0.129
0.30	0.365	0.244	0.196	0.150	0.105

当 n 在 10 左右时，可根据表 3-3 简单地判断相关性。当 n 大于 10 时，对相关系数 r 的要求小一点。

根据皮尔逊系数衡量线性相关程度的简单判断表 表 3-3

=0	0 ~ 0.3	0.3 ~ 0.5	0.5 ~ 0.8	0.8 ~ 1	=1
不相关	微弱相关	低度相关	显著相关	高度相关	完全相关

值得注意的是，皮尔逊系数描述的是变量间的线性关系程度，如果皮尔逊系数小，并不能说明两个变量之间没有相关性，只能说明不具备线性相关性，可能还有其他相关关系。

②Spearman 秩相关系数。

皮尔逊系数有一个前提条件，即要求数据集服从正态分布，当这一条件不成立时，则可采取皮尔逊系数等非参数形式的相关系数，它反映的是变量之间是否为严格单调。

“秩”可以理解为一种顺序，Spearman 秩相关系数是根据原始数据序列的排序位置进行计算，所以没有皮尔逊系数对变量总体分布形态、样本容量大小等的限制。假设两个具有 n 个观测值的随机变量 $\boldsymbol{X}=(x_1, x_2, \cdots, x_n)$ 和 $\boldsymbol{Y}=(y_1, y_2, \cdots, y_n)$，首先求解它们的秩次差 $\boldsymbol{D}=(d_1, d_2, \cdots, d_n)$：

将 $\boldsymbol{X}$、$\boldsymbol{Y}$ 按从大到小的顺序排列得到新序列 $\widetilde{\boldsymbol{X}}=(\tilde{x}_1, \tilde{x}_2, \cdots, \tilde{x}_{\mathrm{n}})$，$\widetilde{\boldsymbol{Y}}=(\tilde{y}_1, \tilde{y}_2, \cdots, \tilde{y}_n)$，计算 $\boldsymbol{X}$ 的秩次 $\boldsymbol{S}^{(x)}=(S_i^{(x)})_{1\times n}$，其中 $S_i^{(x)}$ 为 x_i 在 $\widetilde{\boldsymbol{X}}$ 中的位置序号，同理计算 $\boldsymbol{Y}$ 的秩次 $\boldsymbol{S}^{(y)}$。秩次差 $\boldsymbol{D}=\boldsymbol{S}^{(x)}-\boldsymbol{S}^{(y)}$。

然后按下式计算 Spearman 秩相关系数：

$$\rho_{xy}=1-\frac{6\sum_{i=1}^{n}d_i^2}{n(n^2-1)} \tag{3-6}$$

ρ_{xy}即为 $\boldsymbol{X}$ 与 $\boldsymbol{Y}$ 的 Spearman 秩相关系数，取值范围为 $[-1, 1]$。当 $|\rho_{xy}|=1$ 时，X 与 Y 具有严格单调关系，即完全相关。

（2）建立分配系数模型。

通过相关分析，可以找到与可靠性分配具有相关关系的关键特征变量，现在需要进一步确定这些特征变量与可靠性之间到底是什么关系，给出一个明确的函数表达式，也就是建立分配系数的计算模型。

当某一变量明显地受到另一变量影响时，可使用回归分析来寻找它们之间的函数关系。按照变量个数可以分为一元回归分析和多元回归分析，按照关系类别又可分为线性回归分析和非线性回归分析。通常大多数非线性回归问题都可化为多元线性回归问题，所以接下来将重点介绍如何利用多元线性回归分析来建立分配系数模型。

第一步，数据预处理。

由于在分配线路级可靠性时，是每年分配一次，每年的线路情况都有差异，且各个分配特征变量的量纲、数量级不同，为消除这些因素的影响，先对数据进行归一化处理。

第二步，模型求解。

设因变量为 y，自变量为 x_1，x_2，$\cdots x_m$，线性回归方程如下：

$$\hat{y} = b_0 + b_1x_1 + b_2x_2 + \cdots + b_mx_m \tag{3-7}$$

其中，b_0 为常数项。

$$b_0 = \bar{y} - b_1\bar{x}_1 - b_2\bar{x} - \cdots - b_m\bar{x}_m \tag{3-8}$$

b_1，b_2，$\cdots$，b_m 为 y 对 x_1，$x_2\cdots$，x_m 的偏回归系数。$b_1 = b_{y1,2,3,\cdots,m}$，$b_2 = b_{y2,1,3,\cdots,m}$，$\cdots$，$b_m = b_{ym,1,2,\cdots,(m-1)}$。$b_1 = b_{y1,2,3,\cdots,m}$表示当 x_2，x_3，$\cdots$，x_m 诸变量都固定时，自变量 x_1 变化一个单位而使因变量 y 平均改变的值，这就是 y 对 x_1 的偏回归系数，或称为回归系数。其余各偏回归系数都具有相应的含义。

b_1，b_2，$\cdots$，b_m 利用最小二乘法来确定，即选取这样的 b_1，b_2，$\cdots$，b_m，使离回归平方和（即残差平方和）SS_E 达到极小值。

$$SS_E = \sum(y - \hat{y})^2 \tag{3-9}$$

用求偏微分的方法可得出 b_1，b_2，$\cdots$，b_m 必须满足下列正规方程：

$$\begin{cases} SS_1b_1 + SP_{12}b_2 + SP_{13}b_3 + \cdots + SP_{1m}b_m = SP_{1y} \\ SP_{21}b_1 + SS_2b_2 + SP_{23}b_3 + \cdots + SP_{2m}b_m = SP_{2y} \\ SP_{31}b_1 + SP_{32}b_2 + SS_3b_3 + \cdots + SP_{3m}b_m = SP_{3y} \\ \cdots \\ SS_{m1}b_1 + SP_{m2}b_2 + SP_{m3}b_3 + \cdots + SS_mb_m = SP_{my} \end{cases} \tag{3-10}$$

式（3-10）的系数项，主对角线上为各变量的离均差平方和，即 SS_1，SS_2，$\cdots$，SS_m。其余则为各自变量两两相互的离均差乘积和，并以主对角线为轴，左右对称相等（$SP_{ij} = SP_{ji}$），常数项为各自变量同因变量 y 的离均差乘积和，即 SP_{1y}，SP_{2y}，$\cdots$，SP_{my}。

解这个正规方程组，即得 b_1，b_2，…，b_m，代入式（3-8）求得 b_0，再代入式（3-7）即得多元线性回归方程。通过解此多元线性回归方程，可得多项式回归方程的解。

第三步，模型显著性检验。

在实际问题中，事先无法断定变量 y 与自变量 x_1，x_2，…，x_m 之间是否确有线性关系。当求出线性回归方程后，需对其进行统计检验，作出肯定或否定的结论。若因变量 y 与自变量 x_1，x_2，…，x_m 无线性关系，则式（3-7）中各项系数 b_1，b_2，…，b_m 应均为零。所以统计检验的假设应为 H_0：$\beta_1=0$，$\beta_2=0$，…，$\beta_m=0$。可证明在假设 H_0成立的条件下，因变量 y 与自变量 x_i之间的线性回归关系，可用方差分析法来检验：

$$\begin{cases} F=\dfrac{U/M}{Q/\ (n-m-1)} \\ \mathrm{d}f_{\mathrm{R}}=m \\ Df_{\mathrm{E}}=n-m-1 \end{cases} \tag{3-11}$$

其中，F 为显著性；$U=SS_{\mathrm{R}}=\sum\ (\hat{y}-\overline{y})^2=\sum_{i=1}^{m}b_iSP_{iy}$；$Q=SS_{\mathrm{E}}=\sum\ (y-\hat{y})^2=SS_y-U$；$m$、$n$ 为自由度；其余变量含义见文献［14-15］。

当实际算得的 $F\geqslant F_{\partial(\mathrm{d}f_1,\mathrm{d}f_2)}$，即推翻原假设 H_0，认为自变量全体与因变量 y 的线性关系是显著的。此时，m 个自变量中至少有一个 $\beta_i\neq0$，但不排斥有若干个 $\beta_i\neq0$。多元线性回归的方差模式分析表如表 3-4 所示。

多元线性回归的方差分析表 表 3-4

变异来源	df	SS	MS
回归	M	$SS_{\mathrm{R}}=\sum_{i=1}^{m}b_iSP_{iy}$	MS_{R}
离回归（误差）	$n-m-1$	$SS_{\mathrm{E}}=SS_{\mathrm{y}}SS_{\mathrm{R}}$	MS_{E}
总的	$n-1$	SS_y	

注：数据来源为文献［14-15］。

第四步，回归的准确度测定。

准确度的测定实际是多元相关的分析。用多元回归方程从多个自变量来估计一个因变量，其准确度如何是工程中需要考虑的问题。因变量 y 与自变量 x_i 之间的相关程度一般用相关系数（R）来衡量，即 y 的实际值与估计值之间的相关系数 $R = R_{y\hat{y}}$。

第五步，偏相关系数的显著性检验。

对多元回归的显著性检验是看所有自变量对因变量的总影响如何，而不能确定某一自变量对 y 的单独影响如何。偏回归系数的显著性检验要判定在诸多自变量中，某一自变量对 y 的单独影响作用。偏回归系数显著性检验可用 t 检验法。

在实际操作中，可以使用统计软件来实现上述复杂的计算过程，例如 SPSS、MATLAB、EVIEWS 等。利用 SPSS 可以方便地进行回归分析，自动建模，并进行模型检验和参数检验等。

（3）案例分析。

以广州地铁“十三五”规划新线可靠性分配为例进行说明。

首先，整理基础数据。以 2011—2015 年线网各线路发生 5min 以上的晚点件次数除以线网当年 5min 以上的晚点件次数，得出 2011—2015 年各线路分配系数。同步整理出 2011—2015 年线网各线路设备年限、运营里程及客运量有关数据，并进行归一化处理。

其次，识别关键特征量。如图 3-7 所示，通过分析分配系数与设备年限、运营里程及客运量等指标的相关性，识别出分配系数主要与设备年限强相关，与客流强度、运营里程中度相关。

再次，进行曲线拟合。建立分配系数与关键特征变量的函数关系式，如表 3-5 所示。

根据上述步骤得到模型为：

分配系数 =0.085 +0.034 × 设备年限 −2.55 × 客流强度 +1.617 × 客流强度^2 + 0.861 × 运营里程。

确定可靠性分配目标。结合规划期内预测的运营里程、客运量和对应各线路设备年限，根据各线路可靠性分配结果，按择优选择的原则，确定各线路规划期的可靠性分配目标，如图 3-8 所示。

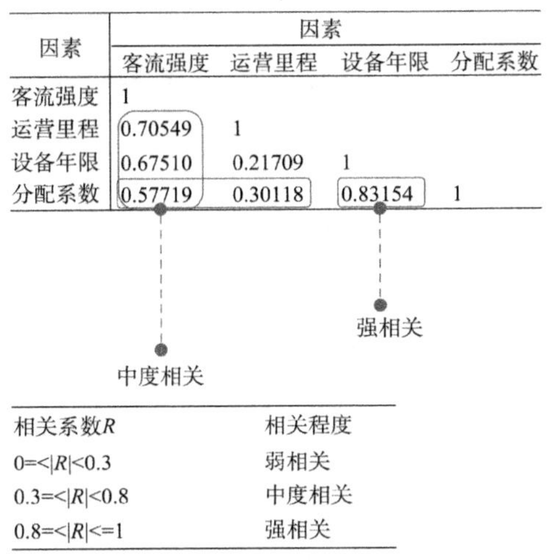

图 3-7　可靠性分配相关性因子分析检验结果

曲线拟合结果一览表[a]

表 3-5

模型变量	非标准化系数		标准系数	t	Sig.
	B	标准误差	试验	（检验值）	（显著性值）
（常量）	0.085	0.032		2.656	0.010
设备年限	0.334	0.174	0.297	1.916	0.050
客流强度	−2.550	0.682	−1.829	−3.739	0.000
客流强度²	1.617	0.420	2.200	3.847	0.000
运营里程	0.861	0.210	0.518	4.105	0.000

注：因变量：故障件次。B 列为各参数的系数。各参数的 Sig < 0.05 为置信水平 95% 水平下通过检验。

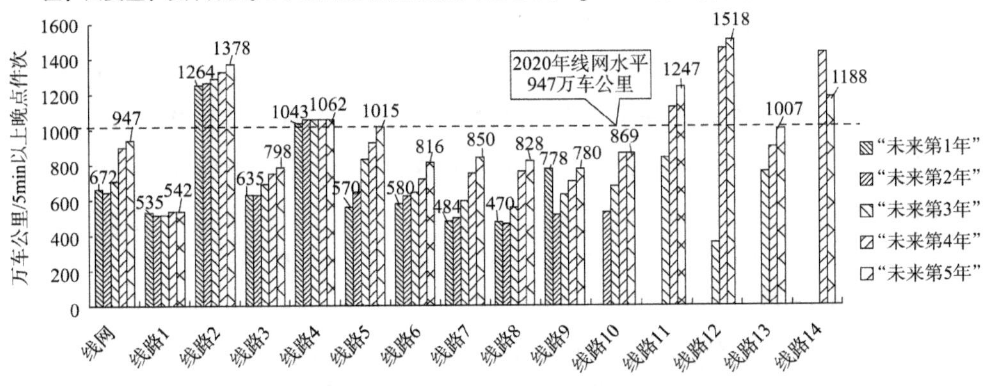

图 3-8　各线路可靠性分配结果（根据验证后最优结果分配）

如图3-9所示，“未来第5年”（2020年）线网列车服务可靠度水平最优值为947万车公里/5min以上晚点件次，高于图3-4中2020年线网列车服务可靠度目标596万车公里/5min以上晚点件次。

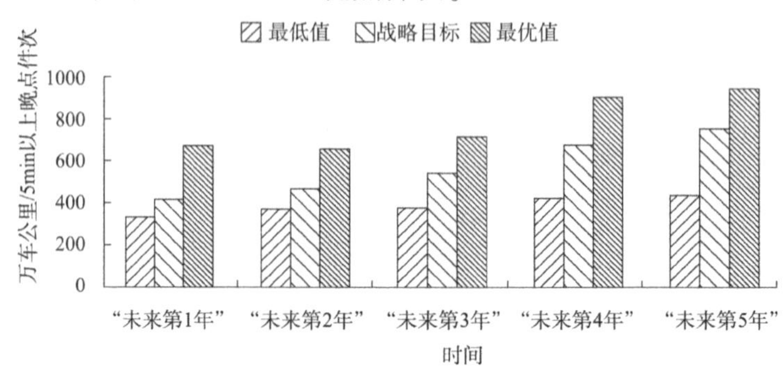

图3-9　未来5年线网可靠性目标分配

3.1.4　设施设备级可靠性分配方法

与线路级可靠性分配考虑客流量、设备年限及运营里程等因素不同，设施设备可靠性分配更多关注设施设备本身的固有可靠性及其在系统中的重要程度、结构组成的复杂度等因素。

因此，设施设备级可靠性分配要总体遵循如下六方面原则：

一是对于组成复杂度高的设施设备，应分配较低的可靠性指标。因为结构越复杂的设施设备，就越难以达到高可靠度要求。

二是对于工作环境恶劣的系统，应分配较低的可靠性指标。因为恶劣的工作环境会降低系统的可靠性。工作环境可反映在温/湿度、振动、灰尘、曝晒等方面。

三是对于重要程度高的系统，应分配较高的可靠性指标。因为城市轨道交通设施设备系统不是由某一个设备构成的，而是由各种设备构成、相互关联，共同完成运营目标。因此，若某个设备的故障危害度高、影响范围广，应提高其可靠性要求。

四是对于工作时间长的系统，应分配较低的可靠性指标。因为长时间运转会使设备性能变差。

五是对于工作载荷高的系统，应分配较低的可靠性指标。如客流量高的车站，电扶梯的使用频次高、载荷大，可靠性相对较低。

六是对于不同的设备类型，如机械设备、电子设备等，其可靠性分配方法不同。

如第2章所述，设施设备可靠性的分配方法有很多种，每种方法有各自的优缺点和适用场景。在实际工程应用中，要综合考虑产品的工艺、材料、设计方案、技术水平以及能掌握的可靠性数据、不同的阶段、分配目标和限制条件等多方面因素，经过反复的迭代和验算，才能决定究竟选择哪一种方法最合适，有时还需综合使用多种分配方法才能完成一个复杂系统的可靠性分配。表3-6列出了一些常用可靠性分配方法。

常用可靠性分配方法　　表3-6

分配方法	优　点	缺　点	适用场景
等分配法	计算简单	未考虑不同子系统间的差异性，误差较大	适合由相似的子系统串联而成的系统。一般只在设计初期应用，因对各个子系统的信息掌握很少，故假设各子系统的条件相同
比例组合分配法	在新系统与原系统结构原理相同时比较准确	在新系统与原系统有较大差异时不适用	新系统与原有系统的结构原理基本相同，且已知原系统的可靠性。也可应用在根据掌握的原系统资料预测出新系统的可靠性的情况
最少工作量法	将工作量列入考虑因素，符合某些工程场景	仅将工作量最优作为目标，在需要考虑多方面因素的情况下显得比较片面	在规定可靠性目标条件下，寻找能使工作量最小的分配方法
评分分配法	考虑因素较全面	打分有主观性，不一定符合客观事实	在缺乏量化数据时，凭既有知识经验对各子系统进行综合评分，根据得分来分配可靠性指标
拉格朗日乘数法	考虑了各个单元的成本	计算较复杂	在多种规定变量的上限条件下寻找最优可靠性

续上表

分配方法	优　点	缺　点	适用场景
基于重要度和复杂度的分配法	考虑因素较全面，符合复杂系统的设计和运营场景	需要计算复杂度和危害度，有时不一定能轻松地获取这些参数	能获取维修数据，且需考虑子系统在系统中的重要度、可检测度、危害度对分配比重影响的场景

考虑城市轨道交通设施设备各子系统的制式构成与故障失效等数据较完整，建议选择基于重要度和复杂度的分配法（又称“AGREE”法）。具体分流程如下：

第一步，根据式（2-10），确定设施设备的重要度 ω_i。

$$\omega_i = \frac{N_i}{r_i}$$

其中，N_i 为由于第 i 个子系统的故障引起系统故障的次数；r_i 为第 i 个单元的故障次数。

第二步，根据式（2-11），确定设施设备的复杂度 C_i。

$$C_i = \frac{n_i}{N} = \frac{n_i}{\sum\limits_{i=1} n_i}$$

其中，n_i 为第 i 个子系统的基本构造部件数；N 为产品的基本构成部件数总数。

第三步，根据式（2-8），分配设施设备可靠度 R_i^*（t_i）。

$$R_i^*(t_i) = e^{-\frac{t_i}{\theta_i}}$$

其中，θ_i 为分配给子系统 i 的平均无故障间隔时间，$\theta_i = \dfrac{\omega_i t_i}{C_i(-n_i R_s^*)}$；$t_i$ 为第 i 个子系统的工作时间。

下面以一条线路为例说明设施设备级可靠性分配的实施过程。

首先，如表 3-7 所示，根据系统故障引发任务失效比例确定该系统的重要度，可用该系统故障引起 5min 以上晚点件次数除以线路所有 5min 以上晚点件次数来计算。

系统重要度　　表3-7

系统分类	系统引起5min以上晚点件次	线路所有5min以上晚点件次	重要度
信号系统	154	297	0.52
车辆	57	119	0.48
站台门	3	26	0.12
变电系统	4	4	1.00
线路	1	3	0.33

根据系统内关键部件数量占线路所有关键部件数量总和的比例确定系统的复杂度，如表3-8所示。

系统复杂度计算　　表3-8

系统分类	关键部件数量	复杂度
车辆	4155	0.46
信号系统	1055	0.12
变电系统	733	0.08
线路	1004	0.11
站台门	2122	0.23

计算完重要度与复杂度后，将它们与工作时间列在同一个表格中（表3-9），为接下来的分配做准备。

系统参数　　表3-9

系统分类	重要度	复杂度	工作时间（h）
信号系统	0.52	0.25	24
车辆	0.48	0.35	12
站台门	0.12	0.12	18
变电系统	1.00	0.24	24
线路	0.33	0.04	18

假定“未来第1年”（2016年）的线路可靠性目标为5min以上晚点件次在1.8件次以内，平均无故障距离为778万车公里，平均无故障时间为4866h，平均无故障列次为7888列次（表3-10）。

线路可靠性目标 表 3-10

线路指标	年度运营里程（万车公里）	年度运行时间（h）	年度开行列次（列次）	平均无故障距离（万车公里/件次）	平均无故障时间（h/件次）	平均无故障列次（列次/件次）
取值	1400	8760	14200	778	4866	7888
适用系统	车辆、轨道	信号、变电	站台门	车辆、轨道	信号、变电	站台门

最终，根据可靠性分配相关计算公式，得到可靠性分配结果，如表 3-11 所示。

系统可靠性分配指标表 表 3-11

系统分类	可靠性衡量指标	可靠性分配值
信号系统	平均无故障时间	10091（h/件次）
车辆	平均无故障距离	1055（万车公里/件次）
站台门	平均无故障列次	4365（列次/件次）
变电系统	平均无故障时间	20359（h/件次）
线路	平均无故障距离	6164（万车公里/件次）

按照逐级分配的原则，还可继续将设施设备的可靠性目标值分配至关键子系统。以信号系统为例，信号系统比较复杂，各个子系统之间在重要程度、危害程度和可检测程度上的差异性也比较大，同样采用“AGREE”分配方法。

首先，根据历史运营数据求出信号系统各子系统在系统中的重要度、复杂度和工作时间（表 3-12）。

信号系统可靠性分配参数 表 3-12

子系统分类	重要度	复杂度	工作时间（h）
电源系统	0.02	0.02	24
监测系统	0.10	0.02	24
正线联锁系统	0.07	0.15	24
自动列车保护/驾驶系统（ATP/ATO）	0.04	0.09	24
自动列车监控系统（ATS）	0.29	0.72	24

分配给信号系统的平均无故障时间为 10091（h/件次），换算成可靠度为 0.997。将表 3-12 中参数值与系统可靠性目标代入 AGREE 分配方法中计算，得到各个子系统的可靠性分配结果（平均无故障时间，即表 3-13）。

信号系统可靠性分配结果　　表 3-13

子系统分类	平均无故障时间（h）
电源系统	7987.994
监测系统	39939.970
正线联锁设备	3727.731
自动列车保护/驾驶系统（ATP/ATO）	3550.220
自动列车监控系统（ATS）	3217.386

3.2　可靠性设计

3.2.1　可靠性设计准则

可靠性设计准则是进行可靠性定性设计的重要依据，就是把已有、相似产品的工程经验总结起来，使其条理化、系统化、科学化，成为设计人员在设计规划阶段进行可靠性设计所遵循的原则和应满足的要求。可靠性设计准则一般是针对具体型号或产品制定的，也可以把相似型号或产品的可靠性设计准则的共性内容综合成某类型产品的可靠性设计准则。同时，这些共性的可靠性设计准则经剪裁、增补又可成为各产品专用的可靠性设计准则。

根据设施设备固有可靠性要求，其可靠性设计准则一般包括：简化设计、冗余设计、耐环境设计、热设计、元器件/原材料的选择与控制、降额设计、人机工程设计、电磁兼容设计、稳定性/防变异性设计、新技术采用、安装设计及安全保护设计等 12 项准则（图 3-10）。

（1）简化设计。

在满足上述技术指标的前提下，尽可能简化设计方案，尽量减少零组件降低元器件的规格，减少元器件的品种和数量。简化设计可提高产品的固有可靠性，降低维修工作量和成本。其内容包括尽可能实现零组件的标准化、系列化和通用性，控制非标准零组件的比例；尽可能减少标准件的品种和数量、降低规格，争取用较少的零组件实现多种功能；尽可能采用模块化设计。具体内容包括：

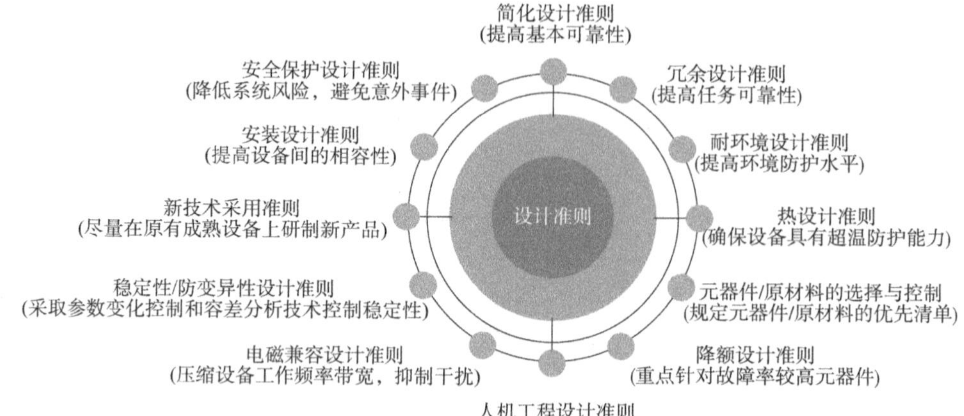

图 3-10　可靠性设计准则

①应对产品功能进行全面分析，合并相同或相似功能，消除不必要的功能。

②应在满足规定功能要求的条件下，使其设计简单，尽可能减少产品层次和组成单元的数量。

③尽量减少执行同一或相近功能的零组件、元器件数量。

④应优先选用标准化程度高的零组件、紧固件与连接件、管线、缆线等。

⑤最大限度地采用通用的组件、零组件、元器件，并尽量减少其品种。

⑥必须使故障率高、容易损坏、关键性的单元具有良好的互换性和通用性。

⑦采用不同工厂生产的相同型号成品件必须能安装互换和功能互换。

⑧产品的修改，不应改变其安装和连接方式以及有关部位的尺寸，使新旧产品可以互换安装。

（2）冗余设计。

冗余是指系统或产品具有一套以上能完成给定功能的单元，只有当规定的几套单元都发生故障时，系统或产品才会丧失规定的功能。冗余在提高系统任务可靠性和安全性方面具有广泛的应用。关键系统应配备应急系统，而应急系统应完全独立于正常系统，即正常系统发生故障时，自动或人工转入应急系统，应急系统工作完全不受正常系统任何影响。当提高零组件或元器件的质量与可靠性费用很高，同时采用一般设计方法又无法达到设计要求时，应采用冗余设计。

①当简化设计、降额设计及选用的高可靠性的零部件、元器件仍然不能满足任务可靠性要求时，应采用冗余设计。

②在质量、体积、成本允许的条件下，选用冗余设计比其他可靠性设计方法更能满足任务可靠性要求。

③影响任务成功的关键部件如果具有单点故障模式，则应考虑采用冗余设计技术。

④硬件的冗余设计一般在较低层次（设备、部件）使用，功能冗余设计一般在较高层次进行（分系统、系统）。

⑤冗余设计中应重视冗余切换的设计。在进行冗余切换设计时，必须考虑切换系统的故障概率对系统的影响，尽量选择高可靠的转换器件。

⑥冗余设计应考虑对共因故障的影响。

（3）耐环境设计。

当产品在冲击、振动、高/低温、潮湿盐雾、霉菌、核辐射等恶劣条件下工作时，其中部分单元难以承受这种环境应力的影响会产生故障，因此，需要采取环境防护设计以提高其可靠性。如产品的减振设计、阻尼减振、动力减振、摩擦减振、冲击减振等。对于盐雾可采用密封、干燥剂，用非金属防护盖。

①防潮湿设计。

a. 采取具有防水、防霉、防锈蚀的材料。

b. 提供排水疏流系统或除湿装置，消除湿气聚集物。

c. 采取干燥装置吸收湿气。

d. 采用保护涂层以防锈蚀。

e. 憎水处理，以降低产品的吸水性或改变其亲水功能。

f. 浸渍，用高强度或绝缘性能好的涂料来填充某些绝缘材料。

②防盐雾腐蚀设计。

防止盐雾导致的电化学腐蚀、电偶腐蚀、应力腐蚀、晶间腐蚀、均匀氧化等。

③防霉菌设计。

a. 采用防霉剂处理零组件或设备。

b. 设备、部件密封，并放入干燥剂，保持内部空气干燥。

c. 在密封前，材料用足够强度的紫外线辐照，防止和抑杀霉菌。

（4）热设计。

热设计主要用于电子设备。热设计可以通过元器件的选择、电路设计及结构设计减少或消除热源对产品性能和可靠性的影响。通过确定产品的散热方法，选择有效的散热措施和确定元器件热设计的方法等制定产品的热设计准则。例如，尽量保持热环境近似稳定，以减少因热循环与热冲击对产品可靠性的影响，产品应具有超温保护能力，设计时注意使强制通风与自然通风的方向一致；元器件布局应考虑到周围零件热辐射的影响，应将发热较大的部件尽可能分散。

①传导散热设计。例如，选用导热系数大的材料，加大与导热零件的接触面积，尽量缩短热传导的路径，在传导路径中不应有绝热或隔热件等。

②对流散热设计。例如，加大温差，即降低周围对流介质的温度；加大流体与固体间的接触面积；加大周围介质的流动速度，使它带走更多的热量等。

③辐射散热设计。例如，在发热体表面涂上散热的涂层以增加黑度系数，加大辐射体的表面积等。

④耐热设计。例如，接近高温区的所有操纵组件、电线、线束和其他附件均应采取防护措施并用耐高温材料制成；导线间应有足够的间隙，在特定高温源附近的导线要使用耐高温绝缘材料。

（5）元器件/原材料的选择与控制。

设计选材要注重发挥轻质材料在结构设计中的作用，注重材料对各种严酷环境下设备可靠性的保证，注重材料改善人机环境的效能。材料选用不仅要考虑满足各零组件的性能要求，即满足整机的各分功能要求，还应考虑各零部件对整机性能或者其他零、部件分功能的影响。

①应遵循标准化、通用化和系列化。

②应首先择优选用满足相关国家标准要求的材料。

③对于设计中可能遇到的“国外牌号”材料，应首先在“国内牌号”中进行筛选，尽量做好“国内牌号”材料的替代。对于不能替代的“国外牌号”材料，在设计选材时应注意材料标准的转化。

④应对材料的牌号、品种、规格进行综合分析，力求通用。

⑤应注意所选材料的制造加工性能，包括锻造性能、切削性能、热处理工艺性能等。

⑥考虑材料应用技术的成熟程度。在选用新材料时，设计评审中要重视新材料应用可行性评审，对重要新材料应用必须经过验证。

⑦结构材料在其预期的结构使用生命周期内对裂纹应具有高的耐受能力，并且在使用环境下，应耐受脆性裂纹扩展。

（6）降额设计。

若降低元器件或零组件的工作应力，会降低其故障率。降额设计准则应围绕降额的元器件种类、降额参数、降额等级及降额系数等制定。对电子设备应进行降额设计，对机械零部件也应考虑降额设计。产品中故障率较高或重要的元器件、电路应特别注意采取降额措施，对于电机应考虑轴承负载降额和绕组功率降额。

（7）人机工程设计。

人机工程设计是将人和机器看成一个系统，共同完成一个规定的任务，要减少使用过程中人的差错，发挥人和机器各自的特点，以提高产品的可靠性和使用效能。例如，凡影响人机安全的部位，应有明显的标志、说明和防护措施。由于系统、设备故障、操作差错或其他原因使设备进入或即将进入危险状态时，应提供准确信号或自动采取安全保障措施。

（8）电磁兼容设计。

电磁兼容设计是指对系统或设备进行设计，使其在电磁环境中能正常工作且不对该环境中任何事物构成不能承受的电磁干扰。例如，应采用良导体作为高频电场的屏蔽材料；应采用导磁材料作为低频磁场的屏蔽材料；尽量压缩设备工作频率带宽，以抑制干扰的输入。

(9)稳定性/防变异性设计。

在进行非电产品可靠性设计过程中，应该运用稳定性设计方法，减少产品质量特性波动、提高产品抗干扰能力。通过对各种试验方案的统计分析，找出抗干扰能力强、调整性好、性能稳定的设计方案。例如，产品的强度、输出功率、耐压范围等要有一定的裕度；调整部件应有较宽工作区，避免工作点处于临界状态；应允许元器件有较大容差范围，以免微弱变化引起产品工作状态改变；应放宽对输入、输出信号临界值的要求；产品应具有承受一定过载、过热、电压突变的能力。

(10)新技术采用。

实施合理的继承性设计，在原有成熟产品的基础上开发、研制新产品；尽量不使用不成熟的新技术、新工艺及新材料；新技术的采用必须有良好的预研基础，并按规定进行评审和鉴定。

(11)安装设计。

各零部件、元器件、组件（特别是易损件和常拆件）的安装要简便，安装件周围要有足够的空间。系统、设备、组件的配置应根据其故障率、尺寸、质量以及安装特点等统筹安排。尽量做到在安装时不拆卸、不移动其他部分，在必须拆卸和移动其他部分时，要满足操作简便的要求。功能相同且对称安装的部、组、零件，应设计成可互换通用的。修改设计时，应考虑同型号产品的替换性。安装人员的操作应按逻辑和顺序安排。

(12)安全保护设计。

进行安全保护设计可避免发生人员伤亡、设备损坏或财产损失等意外事件，降低系统风险。例如，对危及飞行安全的产品应进行损伤容限设计或采用冗余设计，发生故障后危及安全的产品应有自动保护装置或报警装置；产品发生故障后不发生区域性故障。

以上设计准则的制定程序是一个不断积累总结和补充完善的过程，对研制与使用过程中出现的故障要认真分析原因，采取相应的措施，并将获得的经验教训加以提炼，充实到可靠性设计准则中，从而构成“制定—实施—修改—再实施”循环，其流程如图 3-11 所示。

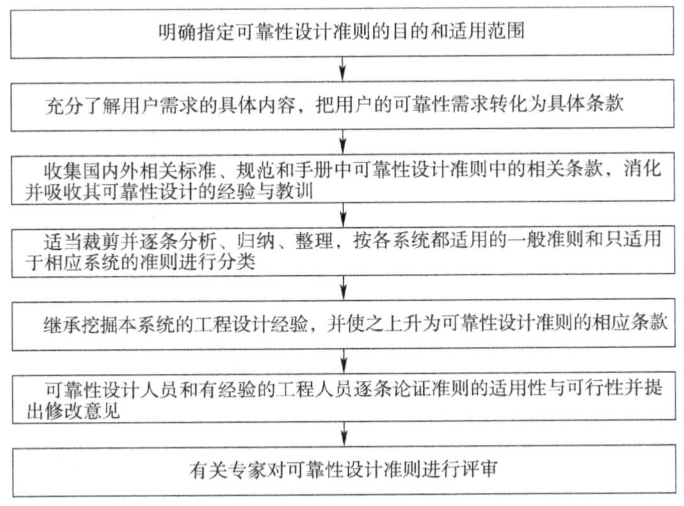

图 3-11　可靠性设计准则的制定程序

设计准则作为强制性标准或型号规范，必须予以认真贯彻，在设计中要求设计人员逐条对照、逐条落实，每条都有明确的设计措施。在完成详细设计后，设计人员应分别写出本系统（产品）贯彻设计准则的符合性报告，它也是各阶段设计质量评审的重要内容。

3.2.2　可靠性定性设计流程

3.2.1 节已详细阐述了可靠性定量设计的流程。本节重点分析可靠性定性设计流程。即利用 FMEA（潜在的失效模式及后果分析）、FTA（故障树分析），发现设计中潜在的问题及危害；通过制定可靠性设计准则、合理选用元器件、开展冗余设计等加以实现，并通过设计实验验证；在交付运营使用后，要跟踪现场数据，用现场数据验证可靠性定量设计的有效性及准确性。具体流程如图 3-12 所示。

3.2.3　可靠性设计关注点

在城市轨道交通设施设备可靠性定性设计阶段，要特别强化可靠性设计准则的落实和风险分析。以下介绍可靠性设计关注点（即可靠性设计准则落实的关注点）。可靠性定性设计流程如图 3-12 所示。

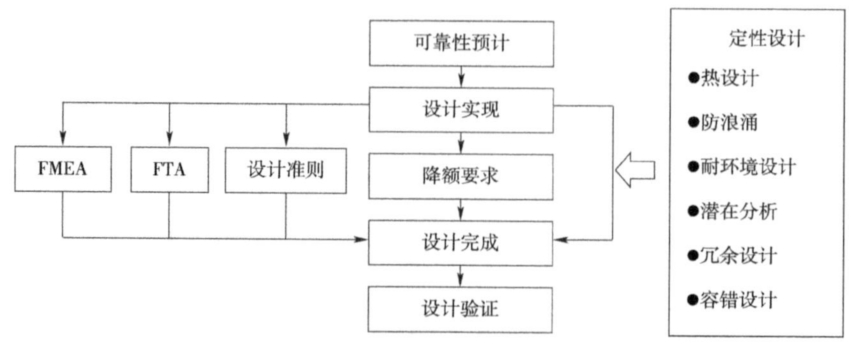

图 3-12　可靠性定性设计流程

强化可靠性设计准则落实，需重点关注三方面的内容：一是强化冗余设计准则，尤其针对高风险区的供电、线路和通信等系统，增加系统冗余度，避免功能失效而引起的服务失效；二是强化人机工程设计准则，尤其是折返能力设计时，需考虑人的行为干预影响，避免出现实际折返达不到设计能力要求的现象；三是强化降额设计准则，尤其针对故障率较高的元器件，如直线电机等。

以风险分析指导可靠性目标的设计，建议设计前期系统性开展基础设施可靠性风险分析，识别关键设施，指导可靠性目标的设定；针对车辆、信号、站台门、电扶梯、AFC（自动售检票）系统等故障频发的设施设备，设计阶段需重点关注此类设施设备可靠性的提高；针对供电、线路、通信、通风空调、BAS（车站设备监控系统）、FAS（火灾报警系统）等故障率较低的设施设备，设计阶段维持既有可靠性水平设计即可。

以车辆系统为例，广州地铁历年设备故障数据显示，车辆系统导致晚点的比例占15%，其中，车门故障、牵引/电制动故障导致的晚点占比最高，占比达83%。车门子系统故障主要是由于客流压力大、人为因素导致的；牵引/电制动系统故障主要是由于部分线路电机散热难导致的，占比达33%。可以看出，车辆系统故障率高，主要是由于设备固有可靠性导致的，因此，在设计阶段需强化车辆专业设施设备固有可靠性设计，对于牵引/电制动等关键子系统还需强化热设计和降额设计的理念。

以信号系统为例，根据广州地铁历年设备故障数据，信号系统导致晚点的比例为37%，通信信号丢失、联锁故障、测速系统故障、车载ATP（列车自动保护系统）故障和道岔故障等原因导致的晚点占比达82%，其中道岔故障造成5min及以上“大晚点”在“大晚点”中占比达42%。此外，电源系统点断故障发生率很低，但影响重大。基于此，建议信号系统可靠性设计重点关注如下内容：

一是优化线路配线，在折返站关键道岔故障时可选择其他线路折返；普遍考虑灵活多样的配线形式，尤其在双端折返、重大客流集散车站大量采用交叉线、单渡线、存车线、尽头线的配线形式。在关键道岔故障时，列车可从另一端进行折返作业，减少对列车运营的影响。

二是提高道岔设备的可靠性，提供便捷的设备维护监测系统，信号系统应为各新线关键道岔配置转辙机缺口检测等功能，直观提供道岔工作状态及报警信息，使维护部门可以随时掌握道岔健康状态，提前调整道岔参数，降低道岔故障概率。

三是对于故障率较低但影响重大的电源系统，建议增加系统冗余配置，如采用双UPS（不间断电源）冗余配置，提供电源系统可靠性。

四是对于故障率较高、影响较小的车-地通信设备和测速设备，一方面要求系统具备冗余性，其中每列车的车载设备要求两套互为热备冗余配置，车-地通信子系统也要求具备冗余性，单点故障不应影响列车正常运行；另一方面提高车-地通信系统抗干扰性能，采用扩频、跳频技术与先进的加密技术，提高系统抗干扰能力，申请并尽量采用专用频段，避免其他系统的干扰。

3.3 小结

设施设备固有可靠性的分配与设计是贯穿整个城市轨道交通业务环节的不可或缺的工作，也是可靠性全生命周期健康管理的一个重要环节。本章重点围绕城市轨道交通网络化运营管理的复杂特性与高服务质量的要求，以网络列车服务可靠性整体最优为目标，首次系统性地提出了城市轨道交通网络可靠性分配思路，分层次地构建了线路级可靠性分配和设施设备级可靠性的分配方法，也提出了可靠性指标设计落实的策略准则及实施流程。

第4章 设施设备可靠性实现与验证

设施设备的制造和安装、调试是设施设备固有可靠性得以保障的前提和基础。因此，建设阶段设施设备可靠性健康管理的侧重点倾向于标准的执行，即可靠性指标标准的确认、要求设施设备在设计制造过程中满足各类标准要求，并在安装调试中进行合理调试和确认及提出运营后评价反馈机制的建议等。本章将重点阐述可靠性实现与验证的流程和标准及后评价反馈机制的建立方法。

4.1 可靠性实现

4.1.1 目标与管控指标

可靠性实现的目标是保证系统达到设计阶段确定的可靠性指标。

针对城市轨道交通车辆和信号等行车相关系统，发生故障将直接导致晚点事件的发生。因此，有必要结合可靠性分配结果，在合同中提出有针对性的可靠性目标要求。例如，广州地铁“十三五”规划中，针对车辆系统，除按传统要求，提出平均无故障运营间隔里程（MDBF）10 万车公里、平均无故障时间（MTBF）300h 外，还需增加服务可靠度指标要求，即要求每年发生 5min 及以上晚点件次不多于 2 件次等，以此来指导未来新线招标要求的可靠性指标的设定。

针对电扶梯、通信、AFC 和 PIDS（乘客信息显示系统）等非行车相关系统，发生故障一般不会导致行车晚点，对此应结合设施设备运行状态机理及运营用户需求，以现场设施设备故障数据为基础，根据设施设备设计指标计算子系统可靠性指标并进行对比，对存在差异的指标进行分析，研究提升的可行性及方式，用来指导未来新线招标要求的可靠性指标的设定。例如，广州地铁 AFC 系统相关规划中，结合历史故障表现及可靠性分配目标要求，在合同中新增设备完好率等指标的要求。

4.1.2 实施阶段与流程

建设阶段，可靠性实现主要分为项目执行前期、项目执行中期、项目执行后期、项目结束后评估四个阶段。

项目执行前期，重点要做好可靠性指标的分析和配置。

在项目前期，各专业系统在项目招标阶段，要将确立的可靠性指标落实到招标文件中，并要求各供货商在投标文件中提交具体的数据响应，对相关可靠性设计做出详细说明，提供测试过程及解决方案，响应招标要求，同时需在项目实施阶段考虑系统可靠性的实现。

项目执行中期，重点要做好可靠性设计方案。

在各专业系统设计联络期间，对系统供货商根据合同指标要求提交的可靠性分析文件进行详细讨论，选用成熟可靠的系统设计方案，并对系统的硬件及软件可靠性设计具体方案进行深入分析。该文档在设计联络期间经运营及建设部门、设计单位和供货商共同讨论确认后作为考核可靠性指标的依据。

项目执行后期，重点要做好可靠性的验证。

可靠性验证的目的是验证产品设计是否达到了规定的可靠性。它是生产前的试验，其试验方案、程序应按计划和项目合同要求及时执行完成。

各专业系统在设备出厂前的检验主要分为两部分：厂家自检——各专业系统合同中对设备出厂检验均有具体要求，如型式试验、高低温、高湿度、震动测试、电磁兼容测试等。出厂检验——设备必须进行出厂试验，通过工厂检验，验证设备的质量及可靠性，及时发现设备质量问题并在工厂得到解决。

项目建设结束后，重点做好产品的可靠性评价与反馈。

项目建设结束后做好产品的可靠性评价，建议建立评价体系，对所有供货商、承包商的设备可靠性进行打分并定期更新公布，作为设备采购招标评审的输入之一，并定期向供货商反馈评价结果，督促其提升服务质量。

4.1.3 实施要求与措施

(1) 招投标阶段管控要求与措施。

招标阶段，要基于可靠性目标要求来设定具体的招标条件要求。以车辆、信号等行车系统为例，可结合第 3 章所阐述的将列车服务可靠度指标进行分解，获得各专业系统、各子系统需要承载的可靠度指标，并结合设备维保数据，通过建立数学模型，换算成不发生 5min 及以上晚点件次的平均无故障里程、平均无故障时间等指标，作为标准进行招标，明确到合同文件中，并要求各供货商在投标文件中提交响应方案，对相关可靠性设计、原材料质量把控做出详细说明，提供产品测试过程及验证解决方案，同时需在项目实施阶段考虑系统可靠性的实现。即在用户需求书中明确规定基于设计的设备可靠性目标要求，并在招标阶段要求供货商提供基于目标可靠性的设计依据、验收标准和流程等；最后将可靠性目标及验收标准纳入合同条款进行管理，同步要求供货商对可靠性资料及历史故障数据进行共享与核实。

在项目执行期间和系统设计联络过程中，对系统供货商根据合同指标要求提交的可靠性分析文件进行详细讨论，选用成熟可靠的系统设计方案，并对系统的硬件及软件可靠性设计具体方案进行深入分析，监督其落实。可靠性方案在设计联络期间经业主（运营及建设部门）、设计单位和供货商共同讨论确认后，作为考核可靠性指标依据。例如，在行车关键设备的合同招标管理中，明确相关设备系统可靠性安全指标，要求出具独立第三方安全认证，提高系统可靠性。例如，在信号系统招标中明确：为保证列车不间断正常运行，系统应采用多重冗余技术。其中凡涉及行车安全的正线计算机系统应采用“三取二”或“二乘二取二”热备的冗余结构，并必须符合“故障－安全”原则。投标人必须对提供的用于运营的系统/子系统/设备出示由独立第三方权威安全认证机构出具的安全认证证书。

另外，在招标合同中，要明确质量检测与验收标准，进一步完善各专业系统对设备检验的具体要求，如例行试验、型式试验、高低温测试、动力性能试验、电磁兼容测试等，确保新线开通投入使用后符合要求，同时，在开通后试运营期间，结合实际运营数据进行可靠性验证。

（2）设备采购质量保障措施。

设备采购阶段，重点做好设备选型及新技术的论证，即要求厂家提供完整的质量保证体系，并签署质量保证书。此外，一些行业内专业固有的影响因素在既有的技术层面较难有所突破，那么主要是从新技术方面对设备可靠性进行提升。设备采购质量保障措施主要包括：

一是系统缺陷优化。对系统、设备或模块进行架构或原理功能层面上的优化，降低故障率，提高可靠性。例如，某型车辆频发构架裂纹问题，裂纹数量呈现不断上升趋势。构架裂纹主要产生于横梁下盖板圆弧过渡处和齿轮箱吊杆安装座处。因此，在设备采购环节，明确后续新车采购性能更优、质量可靠的转向架，转向架不出现裂纹。在编写设备采购用户需求书阶段，明确要求对

10% 的转向架关键焊缝进行 X 射线透视、磁粉探伤检查或超声波探伤检查；在采购合同签订阶段，要求对所有的转向架关键焊缝进行 X 射线透视、磁粉探伤检查或超声波探伤检查。

二是新技术应用。以 AFC 系统为例，采用前沿的云技术降低自动售票机主要故障率。AFC 系统中自动售票机故障约占系统故障的 80%，其中纸币模块故障约占自动售票机故障的 50%，硬币模块故障约占自动售票机故障的 20%。通过开展互联网购票项目研究，采用“互联网售/取票机”，乘客通过互联网购票获取二维码，在取票机上进行扫码取票，取消现金交易。合理配置采用云购票机能减少设备中的纸币模块和硬币模块，能有效减少系统中主要故障设备、模块的故障。

（3）设备制造质量保障措施。

一方面，要强化产品设计、材料质量、制造工艺流程等全过程监控水平，并分阶段实施审查论证，确保制造质量。可对系统、设备及模块技术性指标进行提升，在设备制造过程提高相应技术指标，以降低故障率，提高设备固有可靠性。

例如，某型号车辆牵引电机在运营过程中发生多起烧损、扫膛故障（均为轴承损坏），严重影响正线的安全运营。因此，对制造商提出要求，提高牵引电机可靠性，并延长车辆架、大修检修周期。用户需求书对牵引电机指标做明确可靠性要求：要求证实牵引电机在类似环境中的可靠性，对牵引电机轴承的生命周期、检查周期、加润滑油脂周期等列出要求。在合同谈判及签订阶段根据既有经验要求禁止使用曾出现问题品牌的轴承。

另一方面，要建立监造管理体系。例如，国内某地铁企业建立了“两大平台、五项规定”的车辆监造管理制度与体系，强化现场生产质量问题检查与整改，避免车辆项目经济损失及节约改造成本，从源头上提升了车辆的生产质量、可用率及可靠性。

同时，要规范设备首检保质量。开展基于运营用户需求的设备可靠性研究，提高新线设备质量可靠性；按照“首件定标”的要求抓好新线设备首件质量，对于设备供货商是首次为地铁供货的厂家，切实抓好首件监管，保障后续设备质量；各专业均形成详尽的设备检查规范并应用于后续新线。

(4) 施工安装质量保障措施。

施工安装阶段，应严抓质量检验，卡控设备质量，加强精细化质量管理，提升未来新建线路电客车和工程车的接线工艺；新线建设过程中，建立设施设备工程项目样板站制作要求，推广 BIM（建筑信息模型）系统等新技术的应用，不断提高工厂化装配率，提升设备安装质量，确保满足设计要求。

一是在新线建设中，要求施工单位提高设备安装、配线施工质量，规范设备标志，便于设备维护，提升系统可靠性。首先，在出厂检验期间对设备生产提出明确配线要求。在现场施工作业中，以“首件定标、立标掌舵、全面提升设备施工工艺”的原则，高质量、高标准地开展设备系统样板站建设和轨旁设备首件定标作业。建立布线、配线标准，提升布线、配线工艺标准，按要求做到“安全、整齐、有序、美观、牢固、创新”。全面提升施工工艺，使布线、施工工艺“标准化、精细化、可复制化”。同时，组织合作施工单位、供应商参观学习国内外已建成线路先进的安装工艺，将高标准、高质量的施工工艺推广、复制至其他站点、线路，树立工程质量标杆。

二是严抓新线设备验收工作，强化对设备质量的验收把控，从抓验收中卡控质量，向验收要效益。按照各类规范、标准，采用现场监造、厂验、预验、终验、突击检查、专项质量检查等方式，严格把好质量关；重视软件制作和出厂检验，加强对软件升级文件质量审核，减少软件升级异常后对现场的影响；通过各类检查验收发现影响质量的问题，及时督促供货商、施工单位进行整改。

三是全面应用 BIM 技术。在施工进场前进行 BIM 建模、合模的模型碰撞，综合机电设备安装各专业，通过直观、可视化的三维 BIM 模型展现安装工程量、安装过程、安装后的效果，避免施工冲突，促工程顺利实施。

四是采用新工艺优化施工工序。优化新线车辆布线工艺，提升列车质量。采用创新的弱电设备施工安装工艺及标准，提升设备安装质量。弱电施工设定线缆绑扎顺序，线缆布放编绑整齐、有序、合理，柜内配线整齐美观。施工创新——在弱电施工定位工序中采用红外线定位技术；在区间电缆支架和漏缆吊夹安装中采用隧道红外定位技术，提高施工效率和精准度。

五是加强第三方检测力度，确保设备质量可靠。要求信号、通信等弱电系统关键材料送第三方检测，检测合格后方可上线适用，确保设备质量可靠。比如信号系统电缆、安全型继电器、螺栓等关键材料均送第三方检测，取得合格证书后进场使用。信号系统机柜安装及配线质量、系统联锁一致性、ATS（自动转换开关电器）显示信息、光纤特性、电源子系统等均要求进行第三方检测，只有检测合格后方可进行单位工程质量验收。

4.2 可靠性验证

可靠性验证是设备系统研制过程中必不可少的环节，通过可靠性验证，可以检验设备系统是否达到规定的可靠性设计要求，验证其可靠性分配、设计的合理性，并为以后改进设计、改善工艺以及研制类似设备提供依据。

可靠性验证一般包含可靠性试验验证和实际数据验证，行业内主要使用以下两种可靠性验证评价技术方法组成的可靠性综合对比验证方法，如图 4-1 所示。

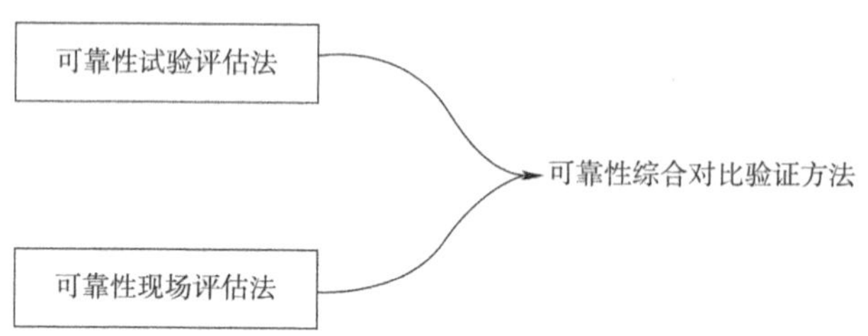

图 4-1　可靠性综合对比验证方法

可靠性试验评估法，即通过试验室模拟应用工况，利用可靠性验证试验结果评价设备可靠性指标。或者使用可靠性强化试验结果进行可靠性水平的快速评价，通过加速生命周期试验结果进行评价。

可靠性现场评估法，即通过收集设备现场故障数据（包括维修和故障数据），通过评估结果评价设备系统可靠性指标。

此外，城市轨道交通设施设备功能多样化，零部件结构逐渐庞大且往往样本少，并具有较长的生命周期，很难甚至不可能开展大量的可靠性试验，基于大失效样本的传统可靠性统计方法不适用，对复杂系统的可靠性综合评价成为可靠性工程的难题。以下将可靠性试验结果、实际现场评估结果与设备系统分配目标值进行对比分析，通过试验与现场结果进行评价，提出可靠性综合对比验证方法。

4.2.1 可靠性试验评估

可靠性试验评估一般采用可靠性试验形式，检验设备产品是否达到可靠性预计、分配的相关指标要求，而可靠性试验是通过施加典型环境应力和工作载荷的方式，用于提出设备早期缺陷、检测或测试可靠性水平、检验产品可靠性指标、评估产品生命周期指标的一种有效手段。可根据需要达到的目的，在设备系统的研制、生产建设和运营使用阶段开展不同类型的可靠性试验。

可靠性试验是对设备产品的可靠性进行调查、分析和评价的一种手段。它不仅仅是为了用试验数据说明产品可靠性，更主要的目的是对设备在试验中发生的每一个故障的原因和后果都进行细致的分析，并且研究可能采取的有效的纠正措施。可靠性试验主要起到四方面的作用：一是在设备样机研制阶段用于暴露试制设备各方面的缺陷，评价设备可靠性达到预定指标的情况；二是为建设阶段生产过程质量监督提供信息（各种可靠性试验可获取对应的响应特征信息、薄弱环节信息和性能变化趋势及生命周期信息等），有助于设备的完好率、可用性和任务可靠度的改善，其他使用环境的选择和确定；三是暴露和分析设备在不同环境和应力条件下的失效规律及相关失效模式和失效机理；四是为改进设备可靠性，制定和改进可靠性试验方案，为设备选型提供依据。

根据《装备可靠性工作通用要求》（GJB 450A—2004）的规定，可靠性试验共包括环境应力筛选、可靠性鉴定试验、可靠性研制试验、可靠性验收试验、可靠性增长试验、生命周期（寿命）试验6个工作项目（图4-2）。各类可靠性试验工作项目的目的、适用对象、适用专业和适用时机也各有侧重，具体如表4-1所示。

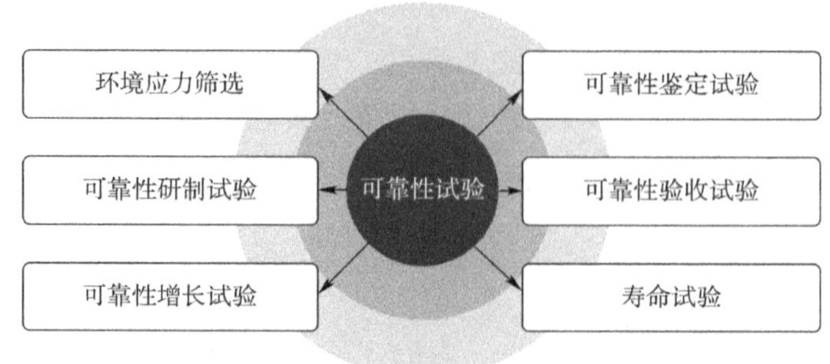

图 4-2　可靠性试验分类

各类可靠性试验工作项目的目的、适用对象、适用专业和适用时机 表 4-1

工作项目	目　　的	适 用 对 象	适 用 专 业	适 用 时 机
环境应力筛选	在交付使用前发现和排查不良元器件、制造工艺和其他原因引入的缺陷造成的故障	主要适用于电子产品，也用于电气、机械、光电和电化学等部件	车辆、环控、低压、自动化、站台门专业系统等	研制阶段、生产阶段和大修阶段
可靠性研制试验	通过施加适当的环境应力、工作载荷，寻找设计缺陷，以改进设计，提高设备固有可靠性	适用于电子、电气、机电、光电、电化学和机械部件等	车辆、环控、低压、自动化、站台门专业系统等	研制阶段的前期和中期
可靠性增长试验	通过施加模拟实际使用环境的综合环境应力，暴露设备中的潜在缺陷	适用于电子、电气、机电、光电、电化学和机械部件等	车辆、信号、站台门专业系统等	研制阶段的中期，设备的技术状态大部分已经确定
可靠性鉴定试验	验证设备的设计是否达到规定的可靠性要求	主要适用于电子产品，也用于电气、机械、光电和电化学、电子	车辆、信号、自动化、通信、专业系统等	研制阶段的设备，同一设备已通过环境应力筛选，同批设备已通过环境鉴定验收，产品的技术状态已经固化

续上表

工作项目	目 的	适用对象	适用专业	适用时机
可靠性验收试验	验证同批次生产的可靠性是否保持在规定的水平上	主要适用于电子、电气、机电、光电、电化学产品和成败型产品	车辆、通信、信号、自动售检票、站台门专业系统等	产品批量生产阶段
寿命（生命周期）试验	验证设备在规定条件下的使用生命周期、存储生命周期是否达到规定的要求	适用于电子、电气、机电、光电、电化学和机械部件等，适用于有使用生命周期、存储生命周期要求的各类产品	车辆、信号、通信、站台门专业系统等	产品设计定型阶段，产品已经通过环境鉴定试验，产品的技术状态已经固化

在不同研制建设阶段，可根据预期要达到的目标，选择开展对应的可靠性试验项目，由此可见，明确可靠性试验的目的对如何选取可靠性试验项目及如何设计可靠性试验方案具有指导性和决定性的作用。

如图4-3所示，可靠性试验分类方式很多，从环境条件可分为各种应力条件下的模拟试验和现场试验，从试验项目可分为寿命（生命周期）试验、加速试验和其他特殊试验，从试验目的可分为可靠性工程试验（包括环境应力筛选试验和可靠性增长试验）、可靠性统计试验（包括可靠性验证试验和可靠性测定试验等），从试验性质可分为破坏性试验和非破坏性试验。

通常，惯用的分类法是把可靠性试验归纳为五大类：环境试验、寿命试验、筛选试验、现场使用试验、鉴定试验。

（1）环境试验。

把样品置于自然或人工模拟的储存、运输和工作环境中的试验统称为环境试验，是考核设备在各种环境（振动、冲击、离心、温度、热冲击、盐雾、低气压等）条件下的适应能力，是评价设备可靠性的重要试验方法之一。环境试验主要包括以下几种。

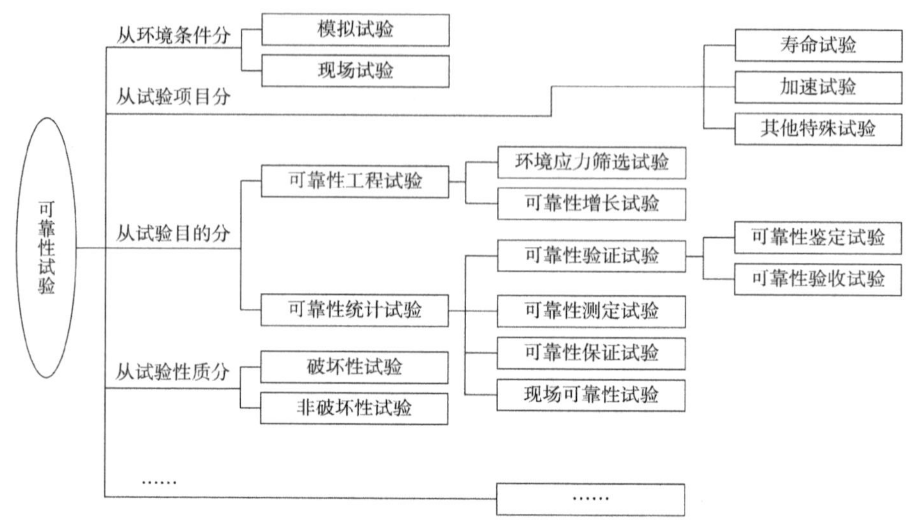

图 4-3　可靠性试验分类示意图

温度循环试验，其目的在于考核产品承受一定温度变化速率的能力及其对极端高温和极端低温环境的承受能力，是针对产品热机械性能设置的。当构成产品各部件的材料热匹配较差或部件内应力较大时，温度循环试验可引发产品由机械结构缺陷劣化产生的失效，如漏气、内引线断裂、芯片裂纹等。具体的试验条件是在气体环境下进行的，主要是控制产品处于高温和低温时的温度与时间及高低温状态转换的速率。其间，试验箱内气体的流通情况、温度传感器的位置、夹具的热容量都是保证试验条件的重要因素。

高温存储试验，其目的在于考核在不施加电应力的情况下，考核高温存储对产品的影响。有严重缺陷的产品处于非平衡态，是一种不稳定态，由非平衡态向平衡态的过渡过程既是诱发有严重缺陷产品失效的过程，也是促使产品从非稳定态向稳定态过渡的过程。这种过渡一般情况下是物理化学变化，其速率遵循阿伦尼乌斯公式，随温度成指数增加。高温应力的目的是缩短这种变化的时间。所以该试验又可以视为一项稳定产品性能的工艺。

耐湿试验，其目的是以施加加速应力的方法评定微电路在潮湿和炎热条件下抗衰变的能力，是针对典型的热带气候环境设计的。微电路在潮湿和炎热条件下衰变的主要机理是由化学过程产生的腐蚀和由水汽的浸入、凝露、结冰引起微裂缝增大的物理过程。试验也考核在潮湿和炎热条件下构成微电路材料发生或加剧电解的可能性，电解会使绝缘材料电阻率发生变化，使抗介质击穿的能力变弱。一般一次耐湿试验，上述交变潮热的大循环要进行 10 次。试验时样品要施加一定的电压。试验箱内每分钟的换气量要求大于试验箱容积的 5 倍。样品应该是经受过非破坏性引线牢固性试验的样品。

热冲击试验，其目的是考核产品承受温度剧烈变化，即承受大温度变化速率的能力。试验可引发产品由机械结构缺陷劣化产生的失效。热冲击试验与温度循环试验的目的基本一致，但热冲击试验的条件比温度循环试验要严酷得多。具体实施方式是将样品置于液体中，主要是控制样品处于高温和低温状态的温度与时间及高低温状态转换的速率。试验箱内液体的流通情况、温度传感器的位置、夹具的热容量都是影响试验条件的重要因素。

盐雾试验，其目的是以加速的方法评定元器件外露部分在盐雾、潮湿和炎热条件下抗腐蚀的能力，是针对热带海边或海上气候环境设计的。表面结构状态差的元器件在盐雾、潮湿和炎热条件下外露部分会产生腐蚀。盐雾试验要求样品上不同方位的外露部分都要在温度、湿度及接收的盐淀积速率等方面处于相同的规定条件。这一要求是通过样品在试验箱内放置的相互间的最小距离和样品的放置角度来满足的。

（2）寿命试验。

寿命试验是可靠性试验中最重要最基本的项目，它是将设备放在特定的试验条件下考察其失效（损坏）随时间变化的规律。通过寿命试验，可以了解设备的寿命特征、失效规律、失效率、平均寿命以及在寿命试验过程中可能出现的各种失效模式。例如，结合失效分析，可进一步弄清导致设备失效的主要机理，作为可靠性设计、可靠性预测、改进新设备质量和确定合理的筛选、例行（批量保证）试验条件等的依据。如果为了缩短试验时间可在不改变失效机理的条件下用加大应力的方法进行试验，这就是加速寿命试验。通过寿命试验可以对设备的可靠性水平进行评价，并通过质量反馈来提高新设备可靠性水平。

寿命试验的目的是考核产品在规定的条件下，在全过程工作时间内的质量和可靠性。为了使试验结果有较好的代表性，样品要有足够的数量。该试验可分为稳态寿命试验、间歇寿命试验和模拟寿命试验三种。

稳态寿命试验，是微电路必须进行的试验，试验时要求样品要施加适当的电源，使其处于正常的工作状态。国家军用标准的稳态寿命试验环境温度为125℃，时间为1000h。加速试验可以提高温度，缩短时间。

间歇寿命试验，要求以一定的频率将样品微电路切断或突然施加偏压和信号，其他试验条件与稳态寿命试验相同。

模拟寿命试验，是一种模拟微电路应用环境的组合应力试验，其组合应力包括温度、湿度、机械、电等环境应力。

（3）筛选试验。

筛选试验是一种对设备进行全数检验的非破坏性试验。其目的是选择具有一定特性的设备或剔除早期失效的设备，以提高设备的使用可靠性。在制造过程中，由于材料的缺陷或由于工艺失控，部分设备出现所谓早期缺陷或故障，这些缺陷或故障若能及早剔除，就可以保证设备在实际使用时的可靠性水平。

其特点主要有三个：一是该试验不是抽样的，而是100%试验；二是该试验可以提高合格品的总的可靠性水平，但不能提高产品的固有可靠性，即不能提高每个产品的生产周期；三是不能简单地以筛选淘汰率的高低来评价筛选效果。淘汰率高，有可能是产品本身的设计、元件、工艺等方面存在严重缺陷，但也有可能是筛选应力强度太高。淘汰率低，有可能是因为产品缺陷少，但也可能是筛选应力的强度和试验时间不足造成的。通常以筛选淘汰率 Q 和筛选效果 β 值来评价筛选方法的优劣。合理的筛选方法应该是 β 值较大，而 Q 值适中。

（4）现场使用试验。

上述各种试验都是通过模拟现场条件来进行的。模拟试验由于受设备条件的限制，往往只能对设备施加单一应力，有时也可以施加双应力，这与实际使用环境条件有很大差异，因而未能如实地、全面地暴露设备的质量情况。

现场使用试验则不同，因为它是在使用现场进行的，故最能真实地反映设备的可靠性问题，所获得的数据对于设备的可靠性预测、设计和保证有很高价值。对制订可靠性试验计划、验证可靠性试验方法和评价试验精确性，现场使用试验的作用更大。

（5）鉴定试验。

鉴定试验是对设备的可靠性水平进行评价时而做的试验。它是根据抽样理论制订出来的抽样方案。抽样方案和抽样率应最大程序地避免产生误判，避免使总体符合质量标准的设备因抽样方法不合理而被判定为不合格而被拒收。鉴定试验分为两类：一类为产品的可靠性鉴定试验，另一类为工艺（含材料）的可靠性鉴定试验。

产品可靠性鉴定试验，一般是在新产品设计定型和生产定型时进行。目的是考核产品的指标是否全面达到了设计要求，考核产品是否达到了预定的可靠性要求。试验的内容一般与质量一致性检验一致。当产品的设计、结构、材料或工艺有重大改变时也要做可靠性鉴定试验。

工艺（含材料）的可靠性鉴定试验，主要用于考核生产线对材料和工艺的选择及控制能力是否能保证所制造的产品的质量和可靠性，是否能满足某种质量保证等级的要求。

接下来，以车辆、信号设施设备为例，介绍设施设备出厂量化试验。

（1）车辆设备出厂试验。

为验证车辆及主要部件的可靠性，车辆系统可从车辆到货前的设计、生产阶段和车辆到货后投入运营两个阶段进行全方位管控。列车可靠性型式试验、部件级型式试验内容如下：

列车可靠性型式试验。列车可靠性型式试验主要是为了评估产品在规定的生命周期期间内，在预期的使用、运输或储存等所有环境下，保持功能可靠性而进行的测试，是将设备暴露在自然的或人工的环境条件下经受其作用，以评价产品在实际使用、运输和储存的环境条件下的性能，并分析研究环境因素的影响程度及其作用机理。具体如表4-2所示。

部件级型式试验。车辆各主要部件都需要进行型式试验（表4-2）。例如转向架系统：转向架轴箱轴承的温升试验；齿轮箱的运转试验；转向架强度试验包括静强度试验和疲劳试验、通过小曲线半径及轮重减载试验、一系弹簧试验、二系弹簧试验、减振器、抗侧滚扭力杆、齿轮箱加载的型式试验、联轴节加载的型式试验、滚动角试验、转向架均衡性试验等；再如制动系统：制动控制单元、空气控制屏 、空气压缩机和驱动电机、踏面制动单元、空气干燥器、速度传感器、防滑电磁阀等需要进行型式试验，其中制动控制单元疲劳试验应模拟实际运用条件和100万次左右的制动和缓解。紧急制动试验应测量每一列车从制动指令发出至停车的紧急制动距离，在平直干燥轨道上，80km/h初始速度对应的紧急制动距离应≤204m。

列车可靠性型式试验 表4-2

序号	名 称	型式试验	例行试验	研究性试验
1	静止机械试验			
2	称重试验			
3	车门系统试验			
4	绝缘试验			
5	辅助系统试验			
6	主电路电气设备操作试验			
7	噪声测量			
8	接地和回流电路接线检查			
9	压缩空气设备密封性和运转试验			
10	空气制动系统检查			
11	工作条件和舒适检查			
12	空调系统试验			
13	车体和外部设备箱的密封试验			
14	安全措施和安全设备检查			
15	安全措施和安全设备检查			
16	运行安全和运行平衡性及舒适性试验			
17	曲线及坡度变化线路的运行试验			
18	牵引能力和电制动能力试验			
19	空气制动线路运行试验			
20	受电弓试验			
21	干扰试验			
22	运行阻力试验			
23	能耗试验			

续上表

序号	名　　称	型式试验	例行试验	研究性试验
24	典型试验			
25	列车广播系统试验			
26	故障诊断系统试验			
27	ATC 系统的综合型式试验和例行试验			
28	无线通信系统的综合型式试验和例行试验			
29	列车故障运行能力试验			
30	环保检测试验			
31	AW3 工况下信号系统的停车精度型式试验			

(2) **信号设备出厂试验**。

信号设备应通过型式试验、出厂试验及现场试验，各类试验均应根据合同规定的标准、方法进行。每台设备必须进行出厂试验，通过工厂检验，验证设备的质量及可靠性，及时发现设备质量问题并在工厂得到解决。信号设备工厂检验分为硬件工厂检验和软件工厂检验。

硬件出厂检验。硬件工厂检验主要的内容为设备外观检查、型式试验、老化试验、电磁兼容试验、高低温试验等。根据具体硬件的特性，测试内容各不相同，如电子元器件需要做电磁兼容试验，车地通信设备要做传输丢包率测试，电缆要做燃烧试验等。

以信号电源系统为例，电源系统出厂检验流程如图 4-4 所示。

软件出厂检验。信号设备软件工厂检验在要求供货商搭建完整的工厂系统测试平台，进行系统及设备的软件测试、功能测试、性能测试及必要的模拟环境测试，将除了必须在现场环境条件下进行测试的项目和内容以外的其他测试工作都在工厂系统测试平台中完成。供货商在其工厂测试中心配置完整的 ATC 系统模拟测试平台，其设计如表 4-3 所示，其主要包括：联锁（含转辙机/信号机/列车占用检测设备的接口条件）、ATP/ATO（含车载、车地通信设备等地面设备）、ATS 设备、ATC 与其他相关系统的接口仿真条件等。以上设备必须能够有机结合，搭建一个能对整个 ATC 系统软件进行测试的平台，具备模拟真实运营条件下可能出现的各种状态，能对故障状态进行重复模拟和故障原因分析。供货商应在工厂检验前提供功能非常完备的软件完全版本，模拟试验的测试信号应同工程实际运行相似，系统应被证实满足功能要求，被发现的故障及功能失效应在出厂前纠正。通过软件工厂试验，及时排查系统软件故障，解决系统缺陷，验证系统软件满足合同功能及指标要求，可为系统安全可靠投入运营打下坚实基础。

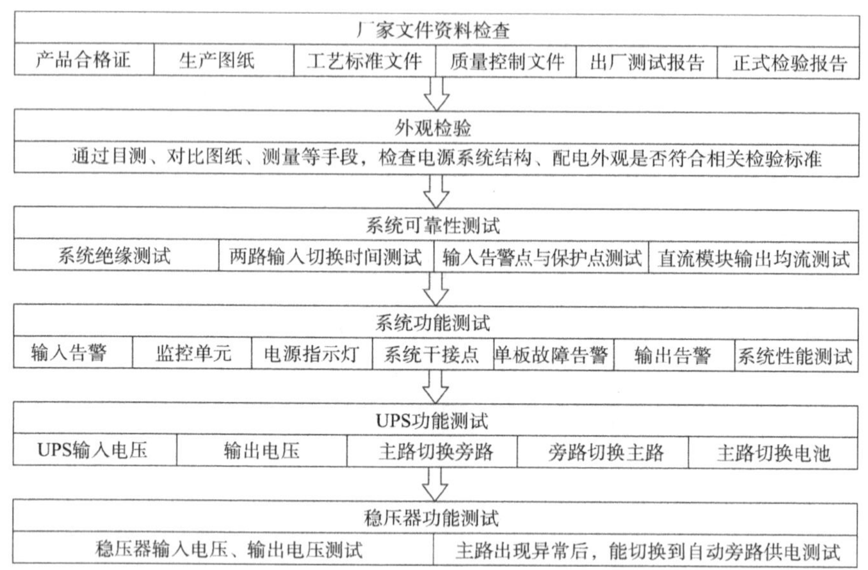

图 4-4　电源系统出厂检验流程

ATC 系统模拟测试平台设计　　表 4-3

序号	内　　容	工厂自检	出厂检验	现场试验
1	联锁逻辑试验	√	√	√
2	联锁子系统故障报警、记录、诊断试验	√	√	√
3	ATP/ATO 子系统故障报警、记录、试验	√	√	√
4	ATS 子系统故障报警、记录、诊断试验	√	√	√
5	后备模式试验	√	√	√
6	命令执行试验	√	√	√
7	模拟的车站紧急停车试验	√	√	√

续上表

序号	内　　容	工厂自检	出厂检验	现场试验
8	相关系统接口试验（综合后备盘、站台门）	√	√	√
9	配套设备接口试验（转辙机、信号机、紧急停车按钮等）	√	√	√
10	列车报文接收检查	√	√	√
11	车地双向通信试验	√	√	√
12	传输通道测试	√	√	√
13	ATS系统显示试验	√	√	√
14	车次号跟踪及生成试验	√	√	√
15	列车运动自动调整/人工调整试验	√	√	√
16	与综合监控系统接口信息显示试验	√	√	√
17	时刻表编辑试验	√	√	√
18	运行图显示试验	√	√	√
19	授权、职责功能试验	√	√	√
20	自动生成各种报表试验	√	√	√

4.2.2　可靠性现场评估

可靠性现场评估必须建立在一套客观真实的可靠性信息基础上，如何完善收集现场或试验数据、提出研制各阶段数据需求，建立一套准确、稳定、相互补充、逐层向上的多渠道可靠性数据收集规范体系是可靠性数据评价和验证的首要问题。

(1) 信息质量要求。

及时性。信息的及时性要求是由可靠性信息的时效性所决定的。及时收集信息才能充分发挥其应有的价值，因此每个运行日都应该填写相关表格。

准确性。信息的准确性是信息的生命，也是评价质量的基础，填表者对信息的描述必须全面、清晰、准确，避免模棱两可，同时要严格按填表要求填写。

完整性。信息的完整性是信息能全面真实地反映评价对象的必要条件，因此填表者填写内容要全，做到不缺项，保证信息在数量上的完整。

连续性。信息的连续性、系统性是保证信息流不中断及有序性的重要条件，有信息就应收集，这是持续整个评价过程的工作。

（2）可靠性现场评估测试。

可靠性现场评估测试一般应结合试运营或运营服务来进行。为了保证现场评估的顺利进行，须成立由用户、制造方、相关供应商、操作人员等组成的可靠性验证及测试试验小组，负责可靠性验证及测试试验的实施。该小组的主要工作包括：定期评审试验数据，审批故障分析及制造纠正措施，具体试验测试程序的临时修改、试验结束时的结果判决等。

同时，为了确保对试验期间发生的故障进行闭环管理并具有可追溯性，在可靠性验证测试期间、设备磨合期间以及测试阶段至试运营/质保期间，迅速展开故障调查，跟踪、记录所发生的故障，及时进行故障评估，并制定纠正措施，最好建立故障报告、分析及纠正措施系统（FRACAS），记录系统设备故障模式、发生原因及修正措施等信息。通过FRACAS的运行，收集所有故障数据，记录和保存全部活动过程中形成的文件，分析故障原因，并制定和实施有效的纠正措施，以防止故障再现，确保可靠性验证目标的实现。

一般而言，开通前3个月，确定城市轨道交通各子系统可靠性实现的调试程序，并按程序做好试运行前的可靠性确认；开通前1个月，以合同条款中规定的验收准则为基础，至少确保实施关键系统（车辆、信号、通信、线路、供电等）的全系统功能与可靠性验证。但由于车辆、信号、通信、AFC等专业系统存在差异，其可靠性指标及测试方式也各有不同。应结合各专业系统特点、产品特性和运营需求，有针对性地形成各专业系统可靠性指标现场评估验证方案。

以下以车辆、信号、PIDS专业系统为例进行说明。

（1）车辆系统。

一般从质量保证期的第1个月开始，每月评估故障记录，计算可靠性表现并与目标值进行比较，并要求质量保证期满后一个月内，由供应商递交可靠性验证报告。运营单位审核车辆故障记录，确保是否均将故障纳入车辆故障记录单中，并在每月末收集所有列车当月运行公里数，由供应商在质量保证期 1 个月内提交可靠性证明报告。某地铁车辆系统可靠性为现场评估验证期间车辆故障记录单及车辆故障数据统计表如表 4-4 所示。

某地铁车辆系统可靠性现场评估验证期间车辆故障记录单

及车辆运营故障数据统计表　　　　表 4-4

车 辆 故 障 记 录 单

编号

<table>
<tr><td rowspan="3">故障件信息</td><td>车辆编号</td><td></td><td>车辆所属</td><td colspan="2"></td></tr>
<tr><td>部件系统</td><td></td><td>零件名称</td><td colspan="2"></td></tr>
<tr><td>生产厂商</td><td></td><td>本列车行驶里程</td><td></td><td>km</td></tr>
<tr><td rowspan="10">故 障 信 息</td><td>故障发生时间</td><td>年　月　日</td><td>故障发生时刻：</td><td colspan="2">时　分　秒</td></tr>
<tr><td>故障发生地点</td><td colspan="4"></td></tr>
<tr><td>☐延误时间</td><td colspan="4">时　分　秒　至　时　分　秒</td></tr>
<tr><td>☐不适合继续服务</td><td colspan="4">☐掉线　☐未能发送</td></tr>
<tr><td>发现时机</td><td colspan="4">☐运行中　☐检修过程中</td></tr>
<tr><td>判明方法</td><td colspan="4">☐直观检查　☐试验　☐通电　☐操纵检查
☐无损探伤</td></tr>
<tr><td colspan="5">故障描述</td></tr>
<tr><td colspan="5">照片</td></tr>
<tr><td colspan="5">故障原因初步诊断</td></tr>
<tr><td colspan="5">后果和影响</td></tr>
<tr><td colspan="2">故障填表人</td><td></td><td>日期</td><td colspan="2"></td></tr>
<tr><td colspan="2">运营单位确认</td><td></td><td>日期</td><td colspan="2"></td></tr>
<tr><td colspan="2">车辆供应商确认</td><td></td><td>日期</td><td colspan="2"></td></tr>
</table>

续上表

<table>
<tr><td>故障报告表编号</td><td></td><td>故障产品厂商</td><td></td></tr>
<tr><td>故障产品名称</td><td></td><td>故障产品型号</td><td></td></tr>
<tr><td colspan="4">原因分析结论说明</td></tr>
<tr><td rowspan="2">故障原因分析报告附件</td><td>报告编号</td><td colspan="2"></td></tr>
<tr><td>报告名称</td><td colspan="2"></td></tr>
<tr><td>故障原因</td><td colspan="3">□元器件问题　□设计问题　□制造问题
□环境问题　□操作问题</td></tr>
<tr><td>纠正措施</td><td colspan="3">□更换控制方法　□设计更改　□工艺更改
□材料更改　□ 更换好的元器件</td></tr>
<tr><td colspan="4">现运行车辆的改造措施</td></tr>
<tr><td>关联故障</td><td colspan="3">□ 是　□ 否</td></tr>
<tr><td>故障责任单位确认</td><td></td><td>日期</td><td></td></tr>
<tr><td>运营单位确认</td><td></td><td>日期</td><td></td></tr>
<tr><td>车辆供应商</td><td></td><td>日期</td><td></td></tr>
<tr><td></td><td></td><td></td><td></td></tr>
</table>

车辆运营故障数据统计表

序号	时间	车辆总计故障次数	是否满足	备注
	年　月			
	年　月			

（2）信号系统。

一般在完成系统功能调试且取得安全认证后，在开通运营且设备基本稳定后进行144h连续系统测试，形成测试报告。同时，开展3个月试运行，并对144h测试期间难以统计的可靠性指标进一步收集和验证，出具试运行报告。测试小组每天对测试结果进行评估，将所有内容均记录在有关纪要中，并要求供应商在测试完成后两周内提交信号系统测试报告。某地铁信号系统可靠性现场评估验证期间故障数据统计表如表4-5所示。

某地铁信号系统可靠性现场评估验证期间故障数据统计表 表 4-5

故障数据统计表

<table>
<tr><td colspan="5">停车精度不达标（SAF）记录表</td><td>日期：</td><td colspan="2">编号：SAF/年/月/日/XXX</td></tr>
<tr><td>车次</td><td>编组号</td><td>车站</td><td>方向</td><td>驾驶模式</td><td>偏差
请按列车停车位置在下图中打√</td><td>车门控制</td><td>司机</td></tr>
<tr><td></td><td></td><td></td><td>□上行
□下行</td><td>□ATO
□ SM</td><td>□-50 □ -30 0 30 □ 50 □</td><td>□手动
□重新对标
□强行开门</td><td></td></tr>
<tr><td></td><td></td><td></td><td>□上行
□下行</td><td>□ ATO
□ SM</td><td>□-50 □ -30 0 30 □ 50 □</td><td>□手动
□重新对标
□强行开门 n</td><td></td></tr>
</table>

注：当列车停在 +/-30cm 停车窗内时不需要记录

（3）PIDS 系统。

PIDS 等非行车类专业系统的项目管理中一般缺少可靠性现场评估验证环节。广州地铁为进一步确保各类设施设备固有可靠性的实现，专项制定了 PIDS 等非行车类专业设施设备的可靠性验证体系和评估方案。通过会议形式分析故障初步原因，并进行故障问题的整改；在试运行期满后一个月内提交可靠性证明报告。某地铁 PIDS 系统可靠性现场评估验证期间故障记录表如表 4-6 所示。

某地铁 PIDS 系统可靠性现场评估验证期间故障记录表 表 4-6

<table>
<tr><td colspan="5">项目名称：</td><td colspan="5">系统供货商：</td></tr>
<tr><td colspan="5">系统名称（子系统名称）：</td><td colspan="5">故障记录时间段：</td></tr>
<tr><td>序号</td><td>故障日期</td><td>解决日期</td><td>故障描述</td><td>问题进展</td><td>解决方案</td><td>故障原因（分析报告）</td><td>是否解决</td><td>是否为可靠性评估故障</td><td>备注</td></tr>
<tr><td></td><td></td><td></td><td></td><td></td><td></td><td></td><td></td><td></td><td></td></tr>
<tr><td></td><td></td><td></td><td></td><td></td><td></td><td></td><td></td><td></td><td></td></tr>
</table>

买方 卖方（供应商）

记录人/确认人签字：＿＿＿＿＿＿ 记录人/确认人签字：＿＿＿＿＿＿

日期：＿＿＿＿＿＿ 日期：＿＿＿＿＿＿

4.2.3 综合比对验证

在开展完试验室验证和现场评估验证后，需对两部分试验时间之和应达到统计试验方案规定的有效试验时间、两部分出现的故障数之和应不超过统计试验方案允许出现的责任故障数进行综合分析，以说明可靠性指标是否达到要求。此部分的重点是将两部分试验时间、故障数进行对比分析，参照统计方法得出试验模拟可靠度曲线和现场实际可靠度曲线，进行可靠性指标综合比对验证。

（1）基于可靠性目标对比的融合模型。

笔者提出基于试验数据与实际数据的可靠性综合对比验证方法，主要利用目标可靠度、模拟可靠度、现场评估可靠度进行仿真与实际结合的可靠性综合评价。

目标可靠度：结合服务标准要求，在设计阶段通过可靠性分配、预计得出的可靠度，可作为实现可靠性目标的衡量指标。

模拟可靠度：结合可靠性仿真试验数据、可靠性加速增长试验数据、系统可靠性鉴定试验数据等得出的可靠度。试验模拟可靠度一般是由供应商在研制样品阶段中，结合已有设备技术状态固化后的试验信息、售后使用信息，计算得出的理论可靠度值。

现场评估可靠度：利用产品交付使用后现场采集的故障数据、试验数据计算得出的实际可靠度，主要用于与目标可靠度、模拟可靠度进行对比分析，验证可靠性是否满足设备可靠性要求。

可靠度模拟预评估示意图如图4-5所示。

模拟可靠度一般是供应商研制开发中计算得出的理论可靠度，一般能保证在初期阶段满足甚至高于可靠性目标值，但随着时间增长，在实际运行过程中，由于城市轨道交通运行工况复杂性及专业间的交互影响，模拟可靠度往往与实际目标值存在差异，因此需进一步结合设备生命周期特征检测的分析结果，综合评价设备系统的生命周期，并找出设备系统的薄弱环节、劣化点，结合修理经验和机理，为运营阶段制定合适的维修策略提供依据。且随着现场数据量的逐渐增大，由模拟可靠度所确定的生命周期分布将越来越真实，即可信程度越来越高。考虑极限情况，当样本量足够大时，确定的生命周期分布基本能够反映真实情况，符合理论和工程实际。因此，实际数据来源的真实性和完整性非常重要。

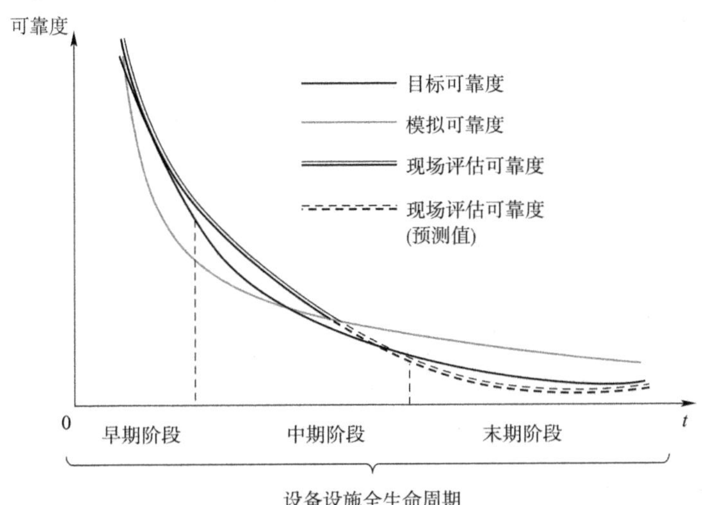

图 4-5 可靠度模拟预评估示意图

（2）可靠性数据分析流程。

数据采集及收集。可靠性评价与预测以数据为基础，在做好初始准备工作后，应进行对所需数据的采集和收集，制定相应的数据表格，按照表格详细记录所需数据，并保证数据来源的真实性和可靠性。

模型初选。模型初选一般根据可靠性建模人员的经验，并结合失效（故障）数据初步分析结果选取合适的可靠性分布模型，常用模型如指数分布、威布尔分布、对数分布等。

参数估计。拟采用参数估计方法有两种基本类型：图解法和解析法。其中，解析法又分为古典方法（如最小二乘法等）、极大似然估计方法等。

拟合优度检验与优选。拟合优度检验与优选包括单个模型拟合优度检验和多个模型优选。单个模型拟合优度检验是检验实际数据是否符合所拟合的生命周期分布模型。多个模型优选是在多个符合拟合优度检验的模型中选择最优模型，作为设备系统的实际生命周期分布模型。

在对失效数据进行可靠性建模时，经常遇到多个模型均能对同一批数据进行拟合，且能够通过单个模型的拟合优度检验的情况，故如何从多个通过拟合优度检验的分布模型中挑选最好的分布模型是保证可靠性正确建模、正确评估精度的关键。

4.3 后评价反馈

可靠性评估验证的根本目的是提高各专业系统的固有可靠性，除建设过程中要开展有关可靠性指标的验证外，新线开通后也要在过程中不断优化完善，及时评估与纠偏，以指导新线可靠性目标设计和实现把控措施的不断完善。

在此背景下，广州地铁建立了新线运营可靠性评价体系，一般在每条新线开通后半年，合理评估新建线路关键系统的可靠性并即时反馈至建设部门，支撑建设管理部门强化后续新线设施设备可靠性实现的把控，形成闭环管理。

该评价体系主要评价综合类、行车设备类、车站设备类、辅助设备类四大类设施设备的固有可靠性设计、固有可靠性实现、任务可靠性表现等，如图 4-6 所示。

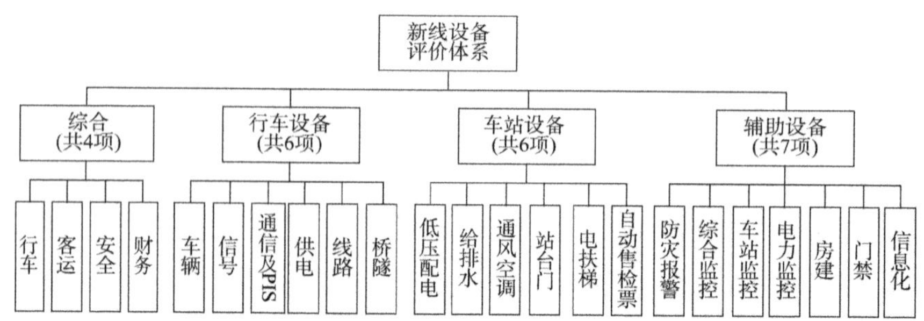

图 4-6　某新线设施设备运营可靠性评价指标体系

固有可靠性设计方面，主要考核设计选型的合理性、先进性、匹配性，是否满足新线用户需求等维度。

固有可靠性实现方面，主要考核系统间联合调试完整性、全系统功能的完善性、施工/安装质量等维度。

任务可靠性表现方面，主要考核在试运营期间的设备可靠性指标兑现（故障率、可靠性）、运营服务承诺（如技术培训、资料等）、配套承诺（如质保力度、备件供应）等评价指标。

以下以车辆专业系统的评价指标体系为例进行说明，具体如表 4-7 所示。

车辆专业系统新线可靠性评价指标体系

表 4-7

二级要素		三级要素		四级要素		评价标准(分档)				
二级指标	权重	三级指标	权重	四级指标	权重	标准1(差)	标准2(合格)	标准3(中等)	标准4(良好)	标准5(优秀)
						1	2	3	4	5
车辆	13%	运营需求设计水平	30%	批量改造项目数[签署 PAC(初步验收证书)文件至开通运营半年,改造列车数大于或等于5列]	40%	改造数 > 10	8 < 改造数≤10	6 < 改造数≤8	3 < 改造数≤6	改造数≤3
				列车设计或功能不满足或达不到合同规格书及设计联络、设计审查、道件检查规定的要求项数	60%	项目数 > 10	8 < 项目数≤10	5 < 项目数≤8	3 < 项目数≤5	项目数≤3
		建设管控及功能验交	20%	开通运营时,列车型式试验项目完成率,=(项目完成数/型式试验总数)×100%	50%	完成率≤85%	85% < 完成率≤95%	—	95% < 完成率 < 100%	完成率 = 100%
				平均列车 PSI/PAC 到货工期延误天数	50%	延误天数 > 10	8 < 延误天数≤10	5 < 延误天数≤8	3 < 延误天数≤5	延误天数≤3
		运用表现及承诺兑现	50%	因车辆故障造成 2min 以上晚点件次(试运营至开通运营一年)	10%	件次数 > 5	4 < 件次数≤5	3 < 件次数≤4	2 < 件次数≤3	件次数≤2
				因车辆故障造成 5min 以上(小于 15min)晚点件次(试运营至开通一年)	20%	件次数≥2	—	件次数 = 1	—	件次数 = 0
				因车辆故障造成 15min 以上晚点件次(试运营至开通运营一年)	20%	件次数≥1	—	—	—	件次数 = 0

续上表

二级要素		三级要素		四级要素		评价标准(分档)				
二级指标	权重	三级指标	权重	四级级指标	权重	标准1(差)	标准2(合格)	标准3(中等)	标准4(良好)	标准5(优秀)
						1	2	3	4	5
车辆	13%	运用表现及承诺兑现	50%	可上线率=具备上线条件列车数/已完成PAC列车数(试运营期间,扣减日常维修扣车数),含因列车设计缺陷等问题或供应商质保期的故障因无备件处理,导致列车不能上线运营的天数,以及因供应商现场三包备件不足,影响正线供车的次数	10%	可上线率≤85%	85%<可上线率≤88%	88%<可上线率≤92%	92%<可上线率≤95%	可上线率>95%
				电路图、气路图、整车结构图、车底部件的机械尺寸图完整性及准确性(试运行至开通运营一年) 注:因改造升级导致的不准确、不完整数据不列入评价	20%	问题数>20	15<问题数≤20	10<问题数≤15	5<问题数≤10	问题数≤5
				没有按照项目调试例会、技术例会、专题会等会议纪要确定的时间节点进行落实的次数(试运行至开通运营一年),含针对项目例会开口项问题,供应商以任何理由不提供备件或延迟提供备件进行故障处理的项目数	20%	问题数>20	15<问题数≤20	10<问题数≤15	5<问题数≤10	问题数≤5

4.4 小结

建设阶段可靠性的实现与验证是设施设备固有可靠性得以保障的前提和基础。本章围绕设施设备可靠性实现的全流程，重点提出了可靠性目标实现的管控要求，以及可靠性评估验证方法试验流程与要求；最后结合广州地铁可靠性目标实现的管控经验，阐述了新线运营可靠性常态化的评价方法与反馈机制，支撑形成可靠性实现与验证的闭环管理，确保设施设备建设质量满足用户的更高要求。

第5章 设施设备可靠性保持与提升

设施设备的固有可靠性在运营阶段应保持最大限度的表现。运营阶段，如何制定合理的维修保养策略，确保设施设备的固有可靠性最大限度地发挥与提升，不断提高城市轨道交通线网的运营服务质量是运营管理者关注的关键问题。本章重点分析设施设备维修策略分类及现行维修体制现状，有针对性地提出了设施设备重要度评价方法，并系统性构建了差异化的维修策略体系及更新改造的策略，以指导日常设施设备维修保障及更新改造计划的制订。

5.1　维修决策理论

5.1.1　维修策略分类

维修策略是指为了保证维修对象在使用中的可靠性达到一定水平，而对其维修的时机和类型加以控制的不同形式和方法的统称。对维修对象可靠性的控制需要从两个方面进行：一是要掌握对象发生故障的规律，从而确定维修的时机；二是控制故障的后果，从而确定维修的内容（包括范围和深度）。维修策略一般分为故障修、预防修两大类，如图 5-1 所示。

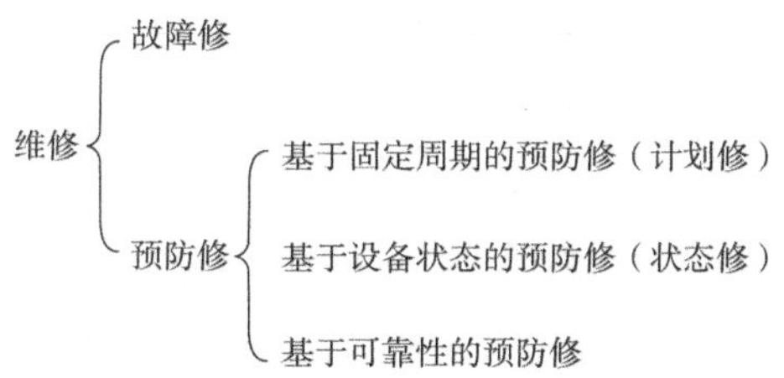

图 5-1　城市轨道交通设施设备维修策略分类

(1) 故障修。

故障修又称事后修或反应性维护。它是指在设施设备失去功能或性能后，为恢复其功能或性能进行的一系列维修行为（图 5-2）。设施设备一旦发生故障，则维修人员就需要进行故障定位，并根据故障的严重程度，结合历史经验判断是否需要立即实施维修。若故障并不严重或紧急，维修人员可以推迟维修，直到达到预设的维修条件，才开始进行维修；若属于严重故障，则维修人员必须立即开始维修，立刻进入维修或更换阶段。在相应的维修措施完成后，被维修的部件/系统需要进行测试和检验，以确认已经完全排除故障，维修结束。

故障修的持续时间是成功完成修复性维修行为所需要的时间，通常也是部件或系统的停机时间。由于故障修是未列入维修计划的维修行为，该维修行为亦成为非计划维修工作，在故障发生时刻可能不具备所需要的维修资源及环境。因此故障修需要根据故障的严重程度判断故障是否需要立刻维修，可以进一步分为推迟维修和立即维修。在城市轨道交通维修体系中，通常部件在具备以下两种特征时，会考虑使用故障修：一是部件发生故障并不危害用户和环境的安全，或故障只有很小的不良后果，或经济损失较轻；二是系统具备冗余设备或容错装置。

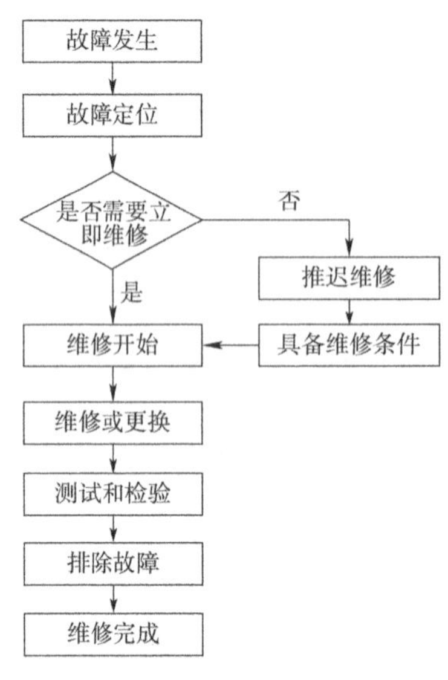

图 5-2 故障修流程

故障修是对设施设备最基础的维护，即运行时出现故障再维修。在此策略中设施设备一直使用到出现故障之后才进行维修。设施设备可修则修，不可修就更换。这种策略对于那些成本很低，出现故障之后也无大碍的设施设备是可取的甚至是很适用的。例如，车站站厅或站台的某一照明灯坏了，换个新照明灯价格很低，其损坏后的影响也很小；但是如果故障的成本很高和影响后果都很严重，这种方法就不可取。

（2）计划修。

计划修即基于固定周期的预防性维修，是最早也是目前研究最广泛的维修策略（图 5-3）。它是指当系统运行时间达到预设的维修周期（常数 T_{cons}）时，即使系统仍正常运行，依然按照原计划采取预防维修或更换措施；若在到达 T_{cons} 时刻之前，系统发生故障则应当立即进行故障修。在系统运行过程中，维修人员判断部件是否出现故障，若出现故障，则开展故障后维修的流程，即故障定位、维修，或更换、测试和检验并排除故障直至维修完成。若没有出现故障，维修人员进一步判断系统是否达到维修周期，若未达到，则继续运行；若已经达到，即使系统未发生故障，仍需要对系统进行测试，判断其运行状态，并采取相应的措施，包括维修或更换、测试和检验、排除故障等，直至维修完成。

计划修按照固定的间隔 T_{cons} 进行，间隔可以是运行时间（如 h）、运营里程（如 km）或者活动次数等，而不考虑部件或系统的实际运行状况。

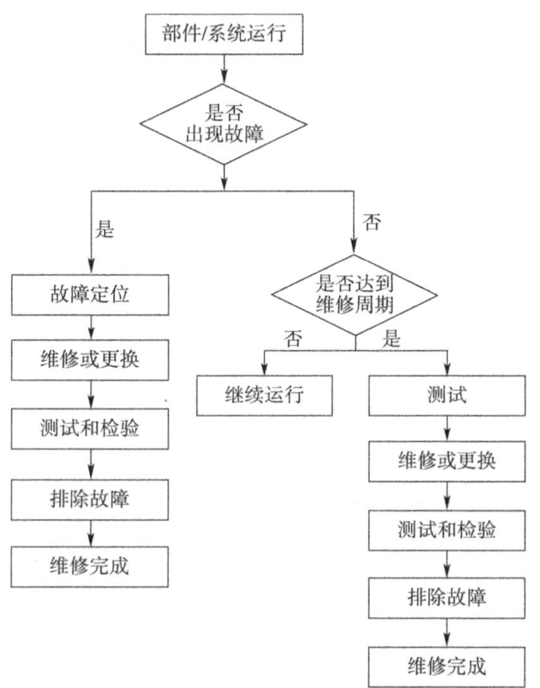

图 5-3　计划修的实施流程

计划修适合比较昂贵的、高故障成本的部件或设备，是目前大多数维修策略的核心和基础。为了预防的目的，“故障”不再只是指设备不能运转了，还包括设备不能在所需的质量、成本和产量下执行其应有的功能。为了避免过高的故障成本，预防性维护常常包括定期加润滑油、调节、置换部件和清洗。这样做是基于如下假设，即耗损是一个缓慢持续而不断累积的过程。计划修就是要阻止这种耗损的累积，使它保持在低水平上。不幸的是，自然界某些耗损是突发的。也就是说，一些外界的压力如润滑油有污染物或是设备超越了设定极限，都会加速耗损，使本来很少或没有耗损的设备立刻老化。在没有外界压力的情况下，维护往往是不需要的。在压力之后没有及时维修设备会造成剧烈耗损而明显缩短设备的使用寿命。所以，许多预防性维护要么显得没必要，要么就是进行得太晚而没有效果。

计划修策略只考虑了修复如新（更换）的情况，而实际中存在其他维修行为的可能，实际的维修时间、维修费用和维修效果都不尽理想。因此，计划修的“副作用”包括：实施了过度的维护，即没必要或没有效果的维护，会导致不必要的维护成本的增加和不正确维护操作而引起故障；维护不够，即故障条件发生却没有得到修正而导致不良结果。

(3) 状态修。

状态修即基于状态的预防性维修。随着科学技术的快速发展，包括数据挖掘、传感技术、检测和诊断技术的科技革新，状态修得到了越来越广泛的关注和应用。与以往维修方式不同的是，状态修通过检修数据、维修数据以及监测设备采集的数据分析设备的运行状态，它注重对设备进行状态检测和诊断，评估其劣化状况，从而根据分析和诊断结果计划维修时间和维修行为。状态修的实施流程如图 5-4 所示。与故障修、计划修策略的最大不同是，基于设备状态的预防性维修不再固定具体的维修时间，而是基于系统或设备的当前运行状态，最大限度地避免事后维修及过度维修。在不影响部件/系统正常运行的前提下，对部件/系统进行检测，通过收集数据信息，评估部件/系统的运行状态实施维修决策，直到维修完成。

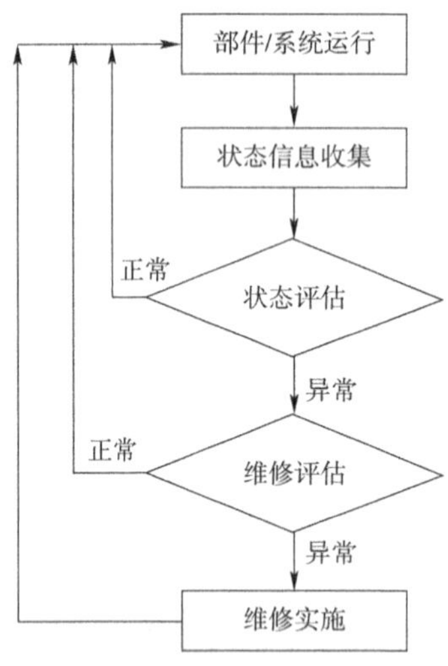

图 5-4 状态修的实施流程

状态修主要通过阶段性或持续的监测来获取设备的耗损和老化情况，以分析系统实时运行状态，用所监测到的信息来预测潜在的隐患和最佳的维护时间，若发现其劣化水平或劣化状态达到某一预设安全值，则开展基于状态的预防性维修。基于状态的预防性维修一般用于高故障成本的设备。

(4) 基于可靠性的预防性维修。

对于可靠性分布已知且固定不变的系统，可以采用计划修，定期进行维护维修，以减少系统在使用过程中失效的可能性，降低由系统失效造成的损失。例如，磨耗型的机械设备的失效率曲线一般符合“浴盆曲线”，可采用计划修。但是，大多数复杂设备系统的可靠性分布并非已知，且随着环境变化、维修事件介入等，其可靠度曲线可能发生改变。此时，计划修的维修介入时间并不是最理想的，反而可能引起故障。

基于可靠性的预防性维修策略的核心是估计与预测设施设备的可靠度水平。对于已经投入使用、故障数据较为丰富的设备，利用历史故障数据和维护维修数据估计，得到其可靠性分布函数，周期性地估计其可靠性水平，当其可靠性水平小于某一阈值时进行维护维修，这种维修策略也称为“可靠修”。通过建立以维修周期和可靠性阈值为优化变量、以最小化平均维护维修费用率为目标的优化模型，可有效地提高设备可靠性水平、管控成本。以可靠性分布分别服从威布尔和正态分布的情况为例，采用微粒群算法对问题进行求解，可验证所提维护维修策略的正确性和有效性。

综上所述，四种维修策略各有其特点，从发展的先后顺序来看，分为事后(故障）维修策略阶段、计划维修策略阶段、状态维修策略阶段和基于可靠性的预防性维修策略阶段。但这四个阶段的关系并不是简单地用新维修策略代替旧维修策略，且更采用新维修策略也并不是说要摒弃旧维修策略，如基于可靠性的维修策略就是一种集状态修、计划修和故障修为一体，通过综合分析设施设备的特性来进行维修策略制定的方法。

5.1.2　维修策略现状

城市轨道交通设施设备种类多、系统构成复杂且安全性要求高，以上四种维修策略可以同时存在，只不过对于不同设施设备，其所占比例不同而已。

德国、日本和法国等国家普遍采用“计划修”和“状态修”相结合的维修策略。德国 ICE 动车组具有运行速度高、运输密度大、维修停库时间短、利用率高的显著优点，其大量装备车载监控和诊断仪器，并将数据通过无线方式上传维修基地，从而能在动车组到达前一小时就准备好维修计划，包括全部需要更换的零件以及相关图纸和电路图。同时，维修基地部署了大量先进设施设备，管控信息系统具有全过程检修功能，支持不拆解维修。德国汉堡地铁系统采用的是均衡检修的修程，主要的思想是把车辆系统的设备部件按照重要等级进行划分，运用计划均衡修的策略来取代全面维修的策略，能够较为经济和有效地完成车辆检修的工作。日本地铁采用的是按“部件类别”进行适时状态维修的策略，对非故障事故的设施设备采用计划修策略，对可靠性高的设施设备采用故障修策略，且在车辆等关键设施设备上安装了大量的传感器监测电气元件，建立监测系统，收集运营和故障信息资料，建立数据库，为检修零部件做好信息分析基础。

目前，城市轨道交通设施设备维护多以故障修和预防性的计划修为主，具体实施内容包括日常保养、定期维护、巡检、抢修、临修、中修、大修等。无论是故障修还是计划修，维修周期都相对固定，普遍都存在“维修不足”或“维修过剩”的问题，一方面使有效资源或能源无法得到充分利用，引发故障突发；另一方面可能过度增加设备的维修负担，导致设备工作寿命缩减，进而导致维修成本高等问题，不能匹配城市轨道交通网络化运营管理可持续发展的需求。具体体现在以下方面：

检修频繁。由于设施设备状态监控手段不完善，难以做到在一个检修周期内设施设备出现劣化趋势时进行有效预防；频繁的检修作业也易导致设施设备性能下降、诱发故障、减少生命周期，且维修工作量大，需要匹配的维修人员数量大，进而增加了运营维护的成本压力。

维修不足。有些设施设备由于种种原因在未到计划维修期时产生了潜在故障或隐蔽功能故障，但受到检修计划的制约，有时设施设备不得不“带病运行”。潜在故障恶化和隐蔽功能故障扩大为多重故障往往会造成不必要的故障损失，甚至严重事故，使维修费用和运营代价明显增加。

维修过剩。与维修不足相反，对于状态较好的设施设备，定期的计划维修实际上是不必要的。这种情形下的维修将造成设施设备的有效利用时间减少以及人、财、物等运营成本的浪费，还可能因为不当的劣化性维修诱导维修故障。

灵活性不够。由于维修周期固定，缺乏灵活性，较少考虑设施设备实际负荷情况（同一类设备在不同线路、不同时间段的工作压力和负荷是不同的），且不注重维修的经济性，尤其是随着线网规模的扩大以及用工成本不断攀升，进一步加剧了运营成本压力，不具备可持续发展的条件。

5.1.3 维修决策理论

影响维修策略选择的因素很多，如何选择一种合适的维修策略是设施设备可靠性保持和提升的核心。维修决策理论体系应运而生。

国外已提出了基于设施设备维护管理模式的维修决策理论体系。例如，日本的“全员生产维修制”理论，其追求全效率、全系统和全员工，争取最大效益；美国提出的“以可靠性为中心的维修”理论，其具体思想是最大限度地利用设施设备的固有可靠性，其主体理论是“预防为主”的计划预防修基础上发展而来的一种现代化的维修理念。故障预测和健康管理一般应具备故障检测、故障隔离、增强的诊断及性能检测、故障预测、健康管理、部件生命周期追踪等能力。

我国城市轨道交通对于设施设备的维修决策理论，目前主要是“在计划预防修的前提下，逐步实施状态修、故障修和主要零部件的专业化集中修”的经验理论，缺乏科学依据以及相应的可靠性分析和维修策略的理论支持与方法指导，并没有对设施设备的固有特性及历史故障发生规律进行充分挖掘和利用。

基于此，本书提出了基于“四象限理论”（也称“可靠性风险矩阵”理论或“风险四象限理论”）框架的设施设备分类方法与差异化的可靠性维修策略体系。即以实现运营业务服务目标为导向，以保证服务可靠性表现为前提，以运营影响程度为核心构建设施设备可靠度模型，借助科学的设施设备可靠性理论方法，根据故障影响程度和发生频率建立风险矩阵，进行关键设备系统辨识，形成基于风险矩阵的设施设备可靠性健康管理理论框架，指导形成差异化的维修策略体系、设施设备更新改造和精细化运营管控等管理系统。

差异化维修策略：即以运营影响程度为核心构建设施设备可靠度模型，通过识别设施设备关键系统，结合不同关键设备故障率及其对运营服务、安全的影响，实施基于预防性维修、事后维修与状态修等多种维修方法，实现单一或组合的设施设备差异化维修策略。

设施设备更新改造：利用大数据挖掘技术，系统分析设施设备可靠性劣化趋势，预测既有线路设施设备更新改造的最佳时间点，以科学、合理地制定设备资产更新计划，确保在网络化运营进程加速发展的大背景下，以保证服务可靠性为前提，不断提高设施设备服务可靠度。

精细化运营管控：即结合差异化维修策略，发挥各线路维修维护特点，通过配套和优化运营管控模式，从维修组织管理的理念、设施设备精细化质量管控、管理制度与人才培养、信息化技术应用等方面推进设施设备健康管理的升级，实现设施设备管理持续高效进行，为运营管理保驾护航。

基于“四象限理论”的设施设备运营健康管理体系如图5-5所示。

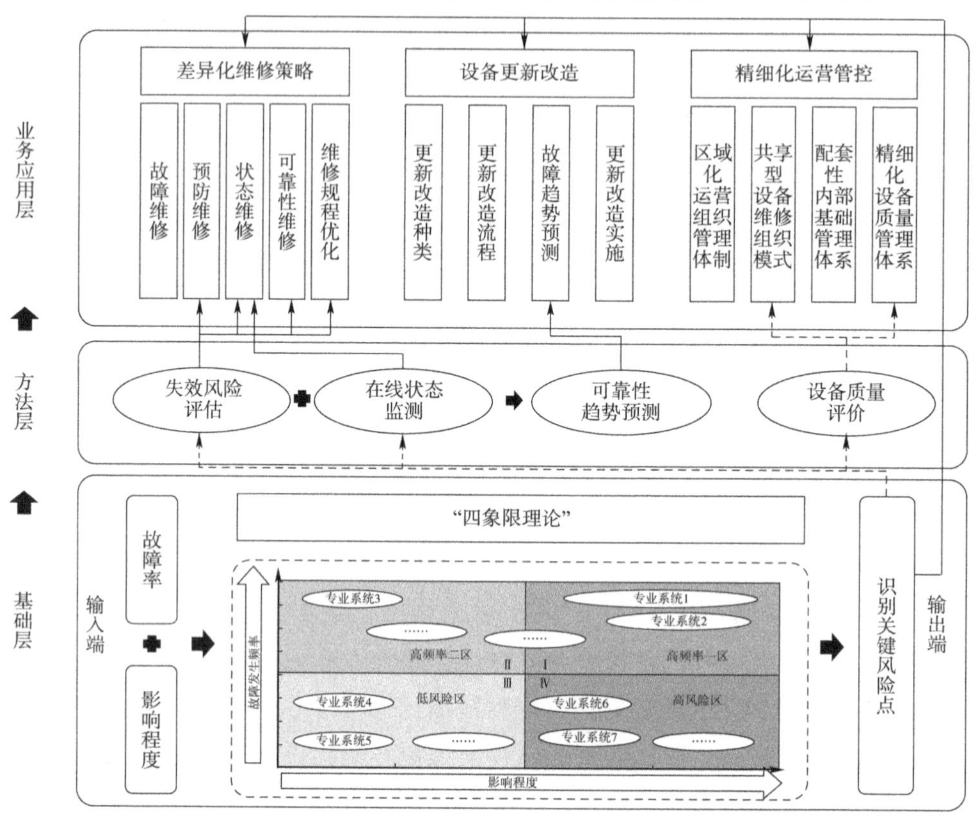

图5-5 基于“四象限理论”的设施设备运营健康管理体系

5.2 差异化维修策略体系

5.2.1 设施设备重要度评价

对设施设备重要度进行分类并评价是制定差异化维修策略体系的前提条

件。设施设备重要度评价方法很多，而设施设备故障是引起任务失效和服务失效的重要原因，需重点关注其发生的频次及其对线网列车服务可靠度的影响程度。因此，本书重点从设施设备失效影响程度及频次两个维度入手，建立基于风险矩阵的“四象限”理论，识别出影响网络整体列车服务可靠度的关键设施设备。

（1）风险等级定义。

首先，结合各类设施设备故障年均发生频次，将其分为频繁、经常、有时、很少、极少等多个等级，具体分几个等级及各等级间分界值则可根据各城市轨道交通的线网规模、设备状态等情况而定。以广州地铁为例，分类原则如下。

频繁：故障年均发生的频次≥6000；

经常：故障发生的频次为4000（含）~6000；

有时：故障发生的频次为2000（含）~4000；

很少：故障发生的频次为1000（含）~2000；

极少：故障发生的频次<1000。

其次，结合设施设备故障造成的晚点和对乘客环境的影响程度，将故障影响程度分为轻微、次要、重大、特大四个等级。

轻微：3min以下晚点或对乘客环境基本无影响；

次要：3~5min晚点或对乘客环境有一定影响；

重大：5~15min晚点或对乘客环境影响显著；

特大：15min以上晚点或对乘客环境影响严重。

（2）建立风险矩阵。

如图5-6所示，以故障影响程度为横轴，以故障发生频次为纵轴，建立设施设备系统风险矩阵。从横纵轴各引一条中线，将区域划分为四个象限，分别为高频高风险区（Ⅰ象限）、高频低风险区（Ⅱ象限）、低频低风险区（Ⅲ象限）、低频高风险区（Ⅳ象限）。

其中，分布在高频高风险区（Ⅰ象限）、高频低风险区（Ⅱ象限）的设施设备属于关键设施设备；分布在低频低风险区（Ⅲ象限）的设施设备属于一般风险的设施设备；分布在低频高风险区（Ⅳ象限）的设施设备属于高风险严禁失效的设施设备，尤需重点关注，谨防失效。

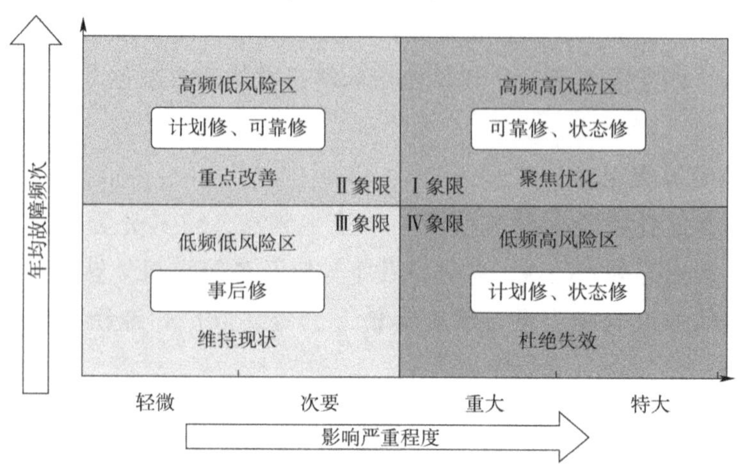

图 5-6　设施设备系统风险矩阵（基于“四象限理论”）

5.2.2　差异化维修策略

结合“四象限理论”识别出关键设施设备，提出差异化的可靠性维修策略。

Ⅰ象限：高频高风险区。

表现特征：分布在该象限内的设施设备系统失效频繁，且该系统一旦失效，不仅会导致功能失效，通常还可能导致任务失效，甚至服务失效，属于失效高风险系统。因此，分布在Ⅰ象限内的是需要重点关注的关键系统。

维修策略：对于此类高频高风险设备，需重点关注、聚焦优化。首先，失效影响大，不能采取“亡羊补牢”式的事后修策略，一定要制定“未雨绸缪”的预防性维修策略，严格控制其导致任务失效与服务失效的风险。在预防性维修策略的选择上，一方面，由于此类设备失效频率较高，失效数据较丰富，可充分利用历史失效数据，建立基于可靠性分布的预防性维修机制；另一方面，由于失效风险高，因此需加强关键子系统的实时状态监测，细究性能退化的过程数据，实施基于状态监测的预防性维修策略。综上，Ⅰ象限设备系统重点采取可靠修与状态修相结合的维修策略。

Ⅱ象限：高频低风险区。

表现特征：分布在该象限内的设施设备系统虽然失效频次较高，但其失效一般只会导致功能失效，而不易导致运营任务失效或服务失效，不会对运营服务造成严重影响，即失效的影响程度较低。

维修策略：对于此类设备，若只采取事后修策略，将会因为故障频发而需要频繁地调动人力、物力等资源进行维修活动，从成本和效率角度考量，事后修不够高效。因此，兼顾服务安全与成本效益，建议采取以价值为导向的预防性维修机制。一方面，建议充分利用丰富的历史运营数据，研究可靠修策略，要适应可靠性水平的变化灵活调整维修方案。另一方面，考虑到在线监测设备的成本一般比较高昂，而Ⅱ象限设备的失效影响较小，因此可综合衡量设备的“价值”，如成本、安全、技术水平等，视情况确定是否实施状态修以及状态修的范围、深度。

Ⅲ象限：低频低风险区。

表现特征：分布在该象限内的设施设备系统失效频次较低，且失效影响也较低，即便功能失效也不易导致运营任务失效或服务失效。

维修策略：对于此类设施设备，着重考虑成本效益，采取以事后修为主的维修策略。另外，在日常巡检的频次与人员配置上也可较其他象限设备适当缩减。

Ⅳ象限：低频高风险区。

表现特征：分布在该象限内的设施设备失效频次较低，但是，一旦出现失效，后果比较严重，极易引起任务失效与服务失效，属于需杜绝失效的关键设施设备。

维修策略：对于此类设施设备，需杜绝功能失效。一方面，由于失效代价高，因此需要制定计划修策略，定期进行维护。另一方面，由于历史故障信息少，通过数据统计来估计其可靠性分布的难度较大，且一旦失效后果很严重，因此建议对其关键子系统和关键部件进行实时状态监测，一旦发现隐患，则立即采取措施阻止隐患的加深和扩张，使设备保持高可靠性能状态运行，杜绝因此类设备故障而导致线网发生任务失效的情况。同时，应在设计阶段便提高固有可靠性。综上，对于Ⅳ象限设施设备，建议采取状态修与计划修相结合的维修机制。

以广州地铁2011年以来线网各类设施设备故障数据为分析依据，制定图5-7所示的关键设施设备的风险矩阵分类图。

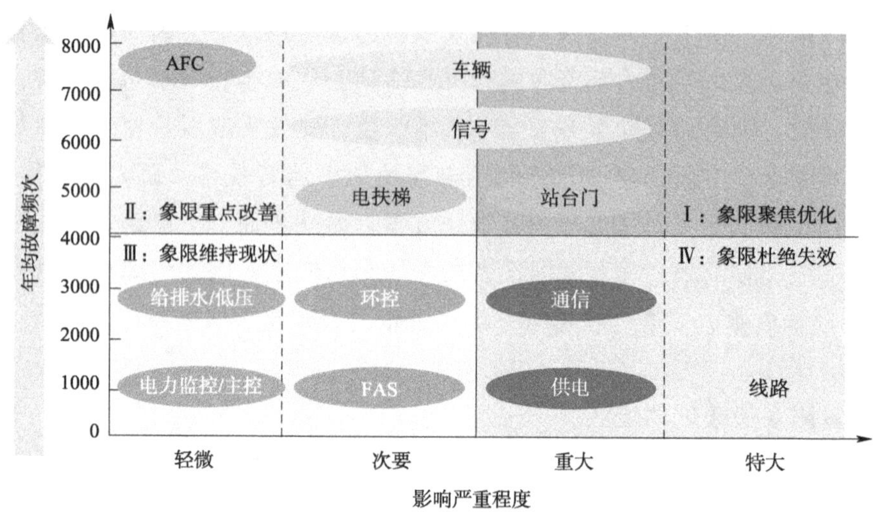

图5-7　广州地铁关键设施设备风险矩阵

从图中可以看出：

车辆、信号、AFC、电扶梯和站台门等设施设备分布在第Ⅰ、Ⅱ象限，即故障高发区，是影响设施设备任务可靠性的关键系统，后续需聚焦优化。其中，车辆、信号、站台门系统故障影响程度较大，需重点关注此类设施设备可靠性的状况；AFC、电扶梯故障发生率较高，但对运营行车影响程度较低，可以综合成本、服务需求考虑重点改善。

通信、线路、供电系统分布在第Ⅳ象限，发生故障频率较小，但一旦失效都将造成巨大影响，属于高风险区，需特别关注，杜绝失效。这些系统应强化设计阶段的冗余设计准则，增加系统冗余度，避免因功能失效而引起服务失效。

给排水、低压、环控等系统分布在第Ⅲ象限区，发生频次较小、影响范围也较弱，属于低风险设备系统，运营阶段应维持既有可靠性水平。

综上所述，广州地铁运营阶段设施设备可靠性管理应重点关注分布在Ⅰ、Ⅱ、Ⅳ象限的设施设备，包括车辆、信号、站台门、电扶梯、AFC及线路、供电、通信等关键设施设备。

基于此，有针对性地实施差异化的维修策略，有关建议如图 5-8 所示。

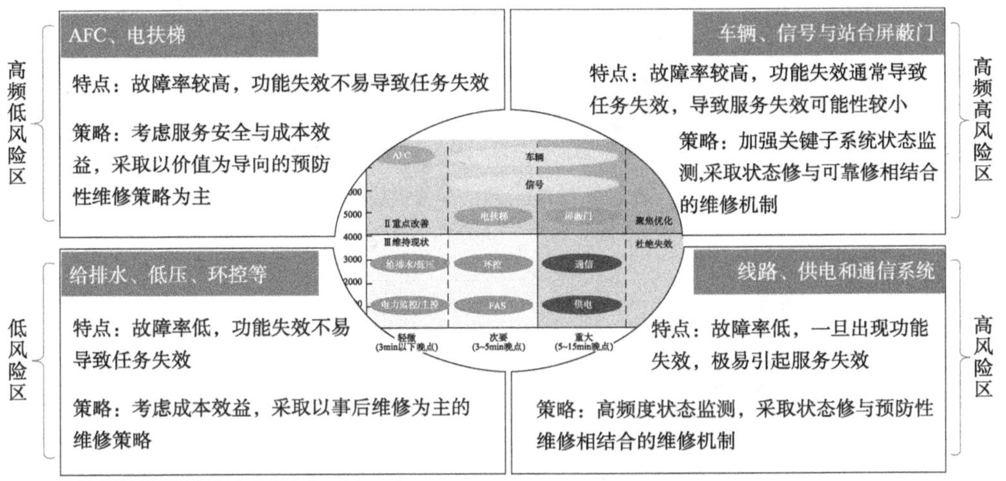

图 5-8　广州地铁关键设施设备差异化维修策略建议

针对Ⅰ象限的车辆、信号及站台门等设施设备，建议重点加强关键子系统状态监测，采取状态修与可靠修相结合的维修策略。

针对Ⅱ象限的 AFC、电扶梯等设施设备，建议考虑服务安全和成本效益，采取以价值为导向的计划修维修策略。

针对Ⅲ象限的给排水、低压、环控等设施设备，建议考虑成本效益，采取以事后故障修为主的维修策略。

针对Ⅳ象限的线路、供电及通信等设施设备，建议实施高频状态监测，采取基于状态修和计划修相结合的维修策略。

针对以上识别出来的Ⅰ、Ⅳ象限设施设备子系统应重点关注并细化风险分析与评估，同时有针对性地提出差异化维修策略建议。以下以广州地铁车辆专业系统和线路专业系统为例进行说明。

（1）车辆专业系统。

通过对近几年车辆故障数据分析（图 5-9、图 5-10）可知，95% 的车辆故障不会造成晚点，而在造成晚点的车辆故障中，车门故障占比最高，达到 61%；牵引/电制动故障占比 11%；列车控制及诊断、气制动、有接点控制电路故障也会导致不同程度的晚点事件发生。

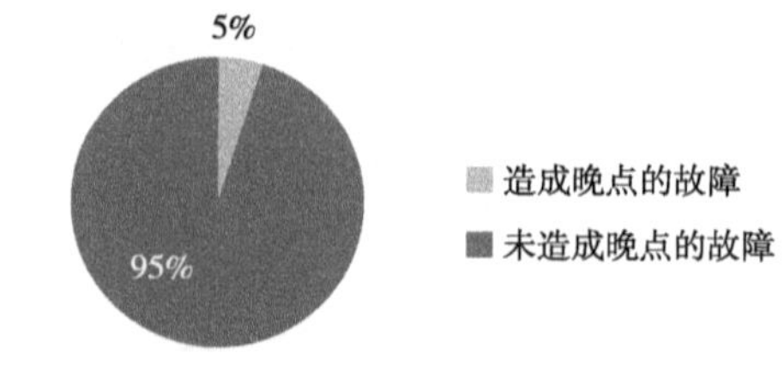

图 5-9 2013—2015 年车辆故障

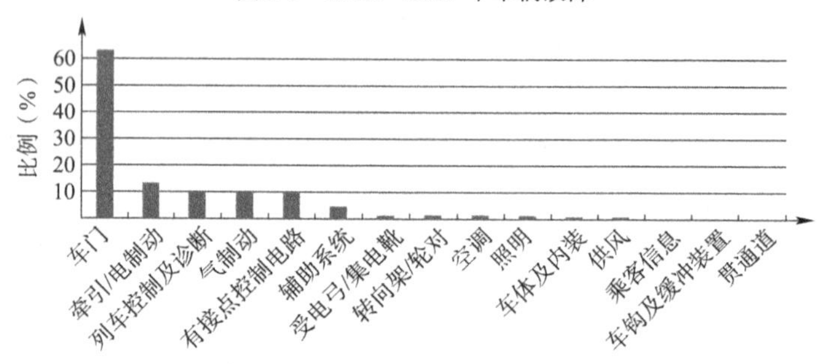

图 5-10 造成故障的车辆系统设备故障占比

根据车辆各零部件引发故障的影响程度以及发生的频次，建立四象限风险矩阵，识别出有接点控制电路、气制动系统为高频高风险系统；车门、牵引/电制动、列车控制与诊断系统为高频低风险系统；受电弓/集电靴、转向架/轮对、车钩及缓冲装置为低频高风险系统，如图 5-11 所示。

基于此，提出差异化的维修策略建议如下：

针对Ⅰ象限的有接点控制电路和气制动系统故障，建议通过技术改造，如冗余改造、设置大旁路等措施降低故障发生的可能性以及故障发生后造成的影响，并实施计划性维修，定期更新可能发生故障的零部件，保障设备正常工作。

针对Ⅱ象限的车门、牵引/电制动、列车控制与诊断系统故障，建议实施以维修价值最优为导向计划修策略，定期更新可能发生故障的零部件，降低设备故障发生次数。

针对Ⅲ象限的辅助系统、空调、供风、照明、车体及内装、乘客信息、贯通道系统故障，建议有针对性地定期更新或维修设备中高故障的零部件，其余零部件采用事后故障修的维修策略。

针对Ⅳ象限的车钩及缓冲装置、受电弓/集电靴、转向架/轮对系统故障，重点通过技术改造、二级防护、状态监测等手段避免对运营造成严重影响的故障发生。

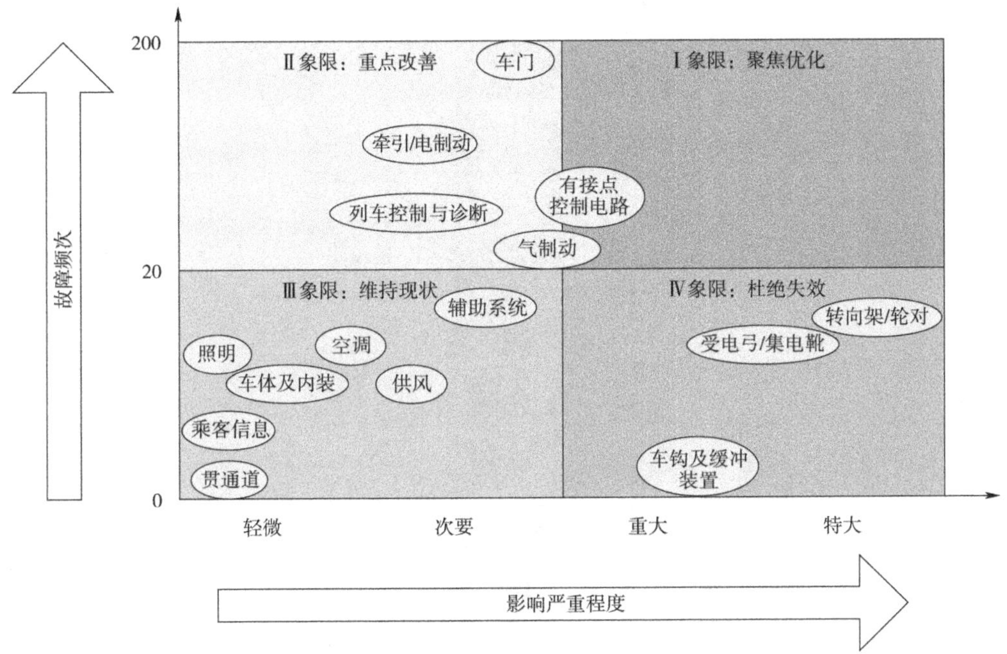

图5-11　车辆系统各子系统设备故障风险矩阵

（2）线路专业系统。

线路专业系统设施设备是城市轨道交通的重要组成部分，一般由路基、道床、轨枕、钢轨、联结零件、轨道加强设备、道岔、道口、车挡、线路标志等部分组成，部分线路设施设备构成及其主要功能如图5-12所示。

通过分析线网各线路故障数据，发现线路子系统整体故障率较低，一旦发生故障，其影响程度均较大，尤其是钢轨和道岔子系统故障（累计占比达94%）将直接引起任务失效，因此线路专业各子系统的总体维修策略应采用预防修并辅以高频度状态检测（即计划修与状态修相结合），基本任务是经常保持线路设备完整和质量均衡，使列车能以规定的速度安全、平稳和不间断地运行，并尽量延长设备使用寿命。

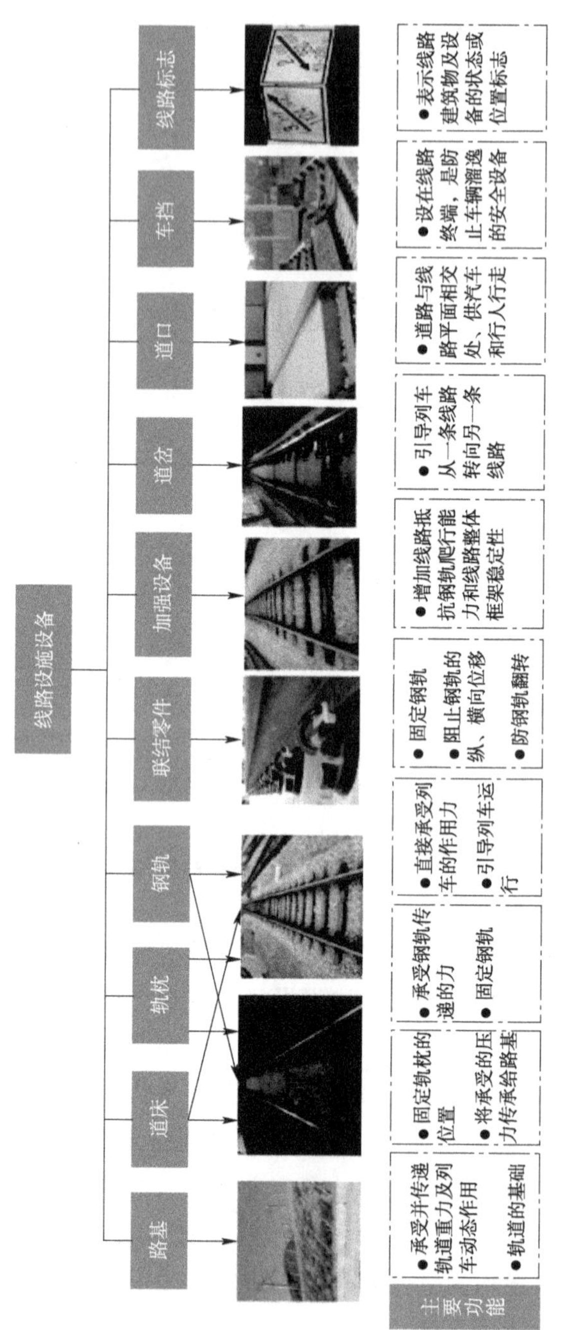

图5-12 部分线路设施设备构成及其主要功能

根据线路系统引发故障的影响程度以及发生的频次（图5-13、图5-14），建立四象限风险矩阵，识别出道岔尖轨、辙叉、基本轨故障位于高频高风险区；联结零件（扣件弹条、胶垫）、木枕、护轨故障位于高频低风险区；道口、标志、路基、水沟、车挡、轨道加强设备故障位于低频低风险区；钢轨、道床、感应板故障位于低频高风险区。

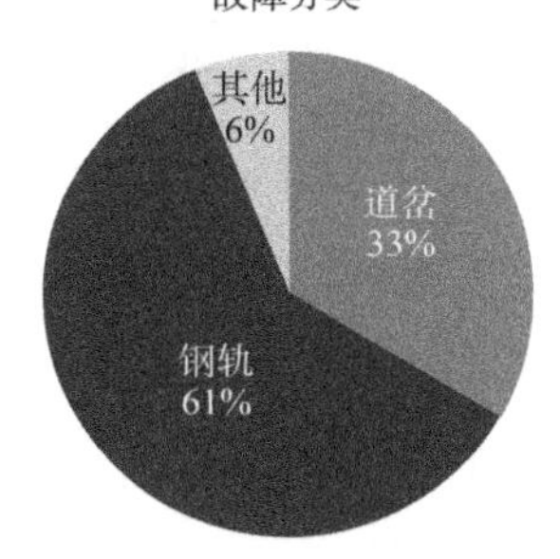

图5-13 线路系统设备故障占比

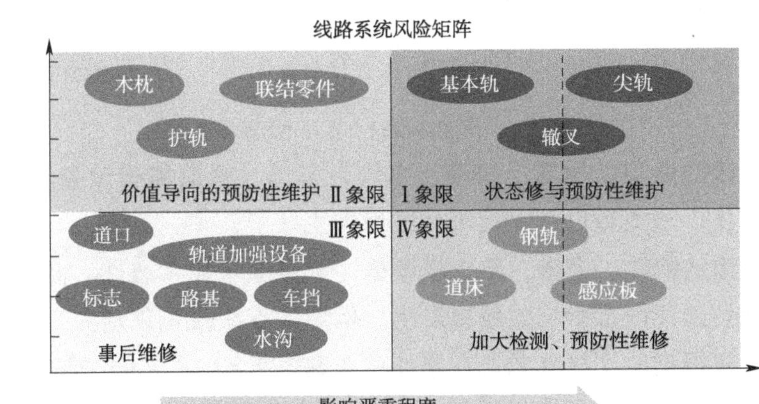

图5-14 线路系统设备故障风险矩阵

基于此，提出差异化维修策略建议，如图5-15所示。

Ⅰ象限的道岔尖轨、辙叉、基本轨设备故障，对行车影响较大，由于运行条件、设计条件的差异，线网各线路的有关系统在使用年限上也存在差异性，建议采用状态修与预防修相结合的维修策略。

Ⅱ象限的联结零件、木枕、护轨设备故障，建议实施以价值为导向的计划修策略，定期更新可能发生故障的零部件，降低设备故障发生次数。例如，对于联结零件（扣件弹条、胶垫）位于小半径曲线地段的可结合钢轨更换周期对相应联结零件进行更换，位于直线段的可结合钢轨大修进行更换；对于木枕则优先保证失效的道岔转辙部分及辙岔部分能及时得到更换，其余部分可根据线路特点及季节性变化更换。

类别	维修策略	设备单元名称
Ⅰ象限	状态修与计划修（预防性维护）	道岔尖轨
		道岔辙叉
		道岔基本轨
Ⅳ象限	采用加大检测、计划修（预防性维护）	钢轨
		道床
		感应板
Ⅱ象限	价值导向的计划修（预防性维护）	木枕
		联结零件
		护轨
Ⅲ象限	考虑成本效益，采取计划修（预防性维护）	道口
		标志
		水沟
		车挡
		路基
		轨道加强设备

图5-15　线路系统设备差异化维修策略建议

Ⅲ象限的道口、标志、路基、水沟、车挡、轨道加强设备，可靠性良好，无故障发生，该类型设备采用事后维修为主。

Ⅳ象限的钢轨、道床、感应板设备，重点通过技术改造、状态监测等手段避免对运营造成严重影响的故障发生。例如，直线段钢轨应采取探伤、检修监测，及时把握钢轨伤损状态。在累计重伤钢轨2～3根/km，即达到钢轨疲劳可靠度为97.5%的对应的累计通过总重或列次，应提前进行大修；小半径曲线钢轨根据磨耗提前预测，保证侧面磨耗在14mm前对钢轨进行更换。感应板可靠性良好，但故障发生后将直接影响行车安全，故感应板维修策略为采用预防性维修和计划修。

为进一步提高高风险设施设备的运营服务可靠度，在差异化维修策略的指导下，广州地铁还积极引进在线监测技术和数据挖掘诊断等系列技术，实时感知系统状态，开展劣化预判，支持关键设施设备维修策略优化，并率先在车辆、信号、供电等关键行车设施设备上开展应用和示范，支持实施精准维修。有关实施案例及功能介绍如下。

（1）车辆车门系统智能诊断及运维平台。

广州地铁牵头自主研制了“城市轨道交通车门系统智能诊断及运维平台”，首次实现了车门系统的故障诊断和亚健康状态预警，提高了车门可靠性、车门状态修水平，实现了车门系统的故障诊断和亚健康状态预警功能，部分车门开展状态修试行，实现了正线运行零故障，节省维修工时约45%，在有效地提高车门可靠性的同时，节约了人力成本。

广州地铁车门系统智能诊断及运维平台示意图如图 5-16 所示，广州地铁车门远程监测与故障诊断系统架构如图 5-17 所示。

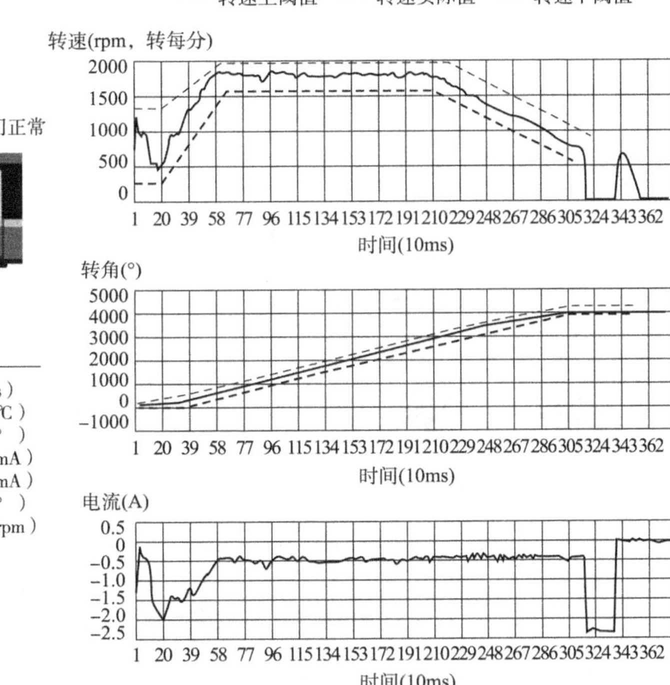

图 5-16　广州地铁车门系统智能诊断及运维平台示意图

该系统主要具有以下七方面的功能。

车门工作情况远程实时监测。平台系统可远程实时监控各个地铁车门的工作情况，使得各级管理人员和工程人员可以通过网络远程了解车门的实时运行情况。

车门故障远程实时监测。平台系统会自动采集车门的各种运行参数的数据信息（图 5-18），通过系统的故障规则知识库智能化判断当前车门是否产生了故障以及故障的原因和解决方案。通过监测电机、门控器的工作状态，系统优先预测以下车门系统的常见故障：无法电动关门、开不到位、3s不解锁、阻力过小、阻力过大等故障，并能初步分析出产生这些故障的原因。

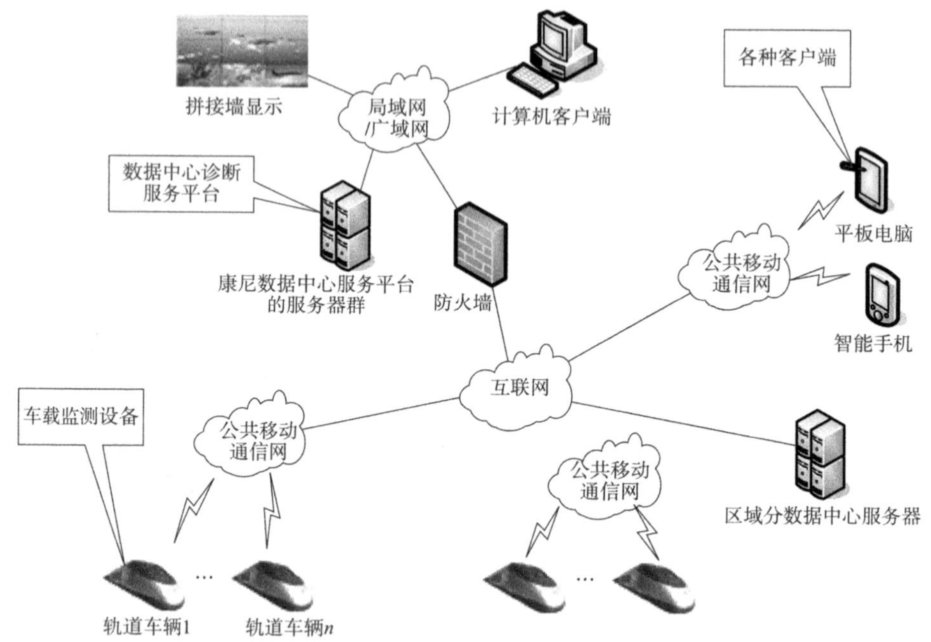

图5-17　广州地铁车门远程监测与故障诊断系统架构

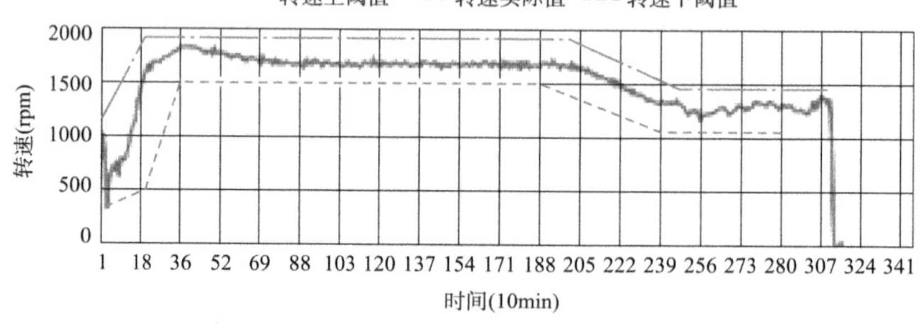

图5-18　车门的某运行参数时域轨迹

车门亚健康状态分析。系统会自动采集车门的各种运行参数的数据信息，并与该车门的历史数据比较，判断未来出现故障的概率，判断车门是否工作于亚健康状态，通过系统的亚健康知识库（图5-19）智能化判断当前车门可能存在的问题以及检修范围。

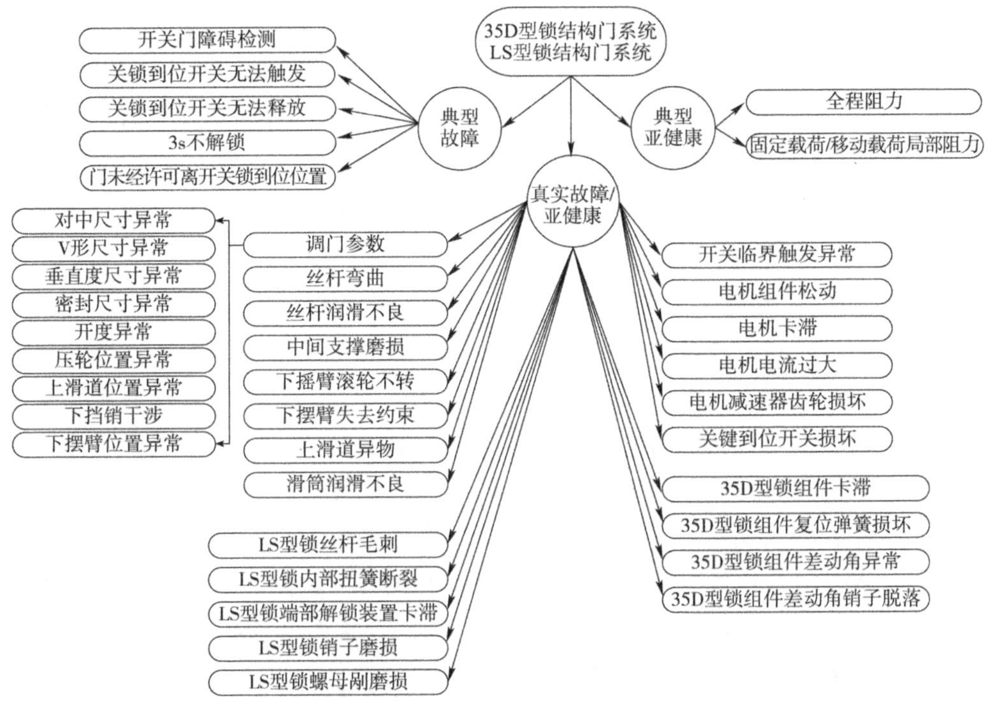

图 5-19　车门亚健康知识库示意图

故障信息和亚健康状态的信息推送。系统支持移动互联网的功能，各个线路的维护人员可注册信息和手机号码，一旦车门出现故障或亚健康信息，平台系统可以实时推送车门工作信息，并可查询故障检修的指南和解决方案，以便维修人员及时处理问题。该功能可以使维修工作由“被动维修”转为“主动维修”、由“全面巡检”转为“重点巡检”。

移动维修策略提示。在车辆检测和维修现场，维护人员可以通过移动终端对现场问题的情况和维修过程进行数据记录，也可以拍摄现场照片，通过移动终端实时上传维修记录和现场状况；故障发生时，还可以通过手机客户端，查询故障的相关检查和维修方法。对于亚健康状态，通过手机上显示的故障原因规则库的指导，维护人员可以开展有针对性的车门设备的检测（而不是整车所有车门的全检），这可以大大减少和降低维护人员的人数、技术成熟度要求和维护成本。

技术专家远程会诊。对于车门出现的一些疑难杂症问题，地铁公司可以通过系统发起和邀请相关的技术专家远程对设备故障进行异地会诊，信息和数据的齐备性提高了诊断的准确性和实时性，并利于专家建议、诊断资源等的共享。

大数据分析功能。由于数据中心收集了大量的地铁车门的工作数据，通过这些数据的分析和统计，可以支撑地铁运营商的相关工作，也可以通过这些数据指导车门系统的技术提升。

（2）信号道岔综合监测系统。

为保持和提升信号系统运营的可靠性，广州地铁实施并应用了信号道岔综合监测系统，也称道岔健康监测管理系统（图5-20）。其间，通过搭建线网层面的道岔健康管理数据分析中心，实现道岔继电器组合电路、转辙机故障的智能判断及道岔健康度评分；面对大线网的高客运强度，在关键道岔区域安装信号道岔综合监测系统，对关键道岔的缺口、启动电流电压、表示电压等进行监测，实时掌握设备运用变化情况，提高设备安全和可靠性。

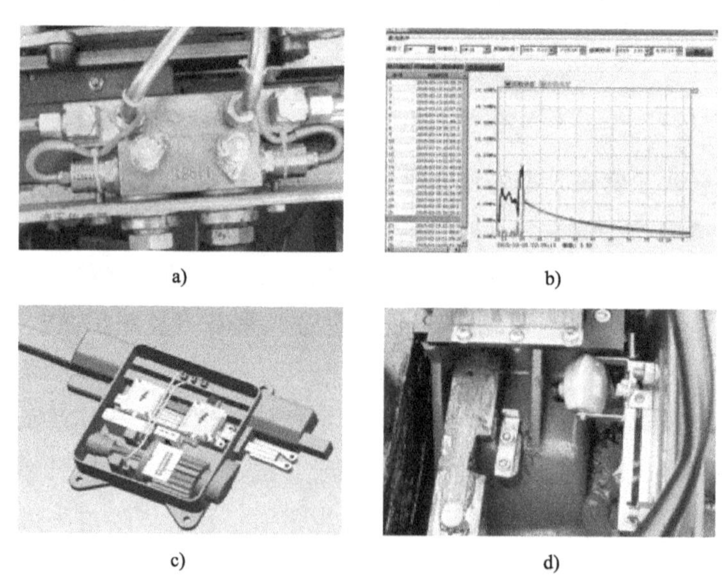

a)　b)　c)　d)

图5-20　道岔健康监测管理系统

（3）车载式轨道巡检系统。

为保持和提升城市轨道交通线路系统的运营可靠性，广州地铁实施并应用了车载式轨道巡检系统，即采用图像采集及计算机智能识别技术，对钢轨表面伤损、扣件异常、感应板移位病害进行智能识别，可提高轨道巡检效率，节约成本。车载式轨道巡检系统组成结构框图如图 5-21 所示。

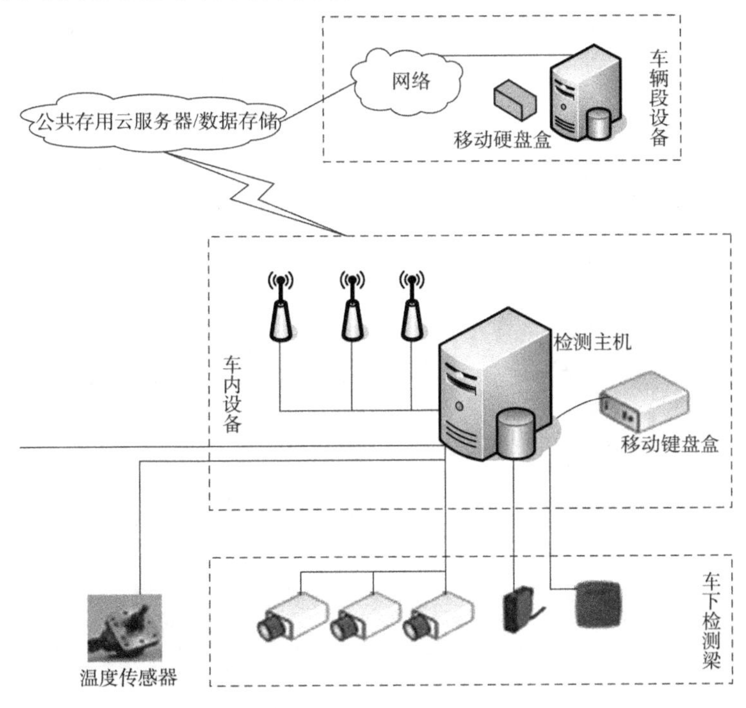

图 5-21　车载式轨道巡检系统组成结构框图

该系统主要具有以下四方面的功能：

扣件移位及缺失检测。通过安装在车辆底部的高速高清工业相机，在轨枕位置同步对轨道断面进行高清图像采集，利用机器视觉中深度学习的算法识别扣件缺陷。采用 Haar - like + AdaBoost 算法对样本素材进行训练得到分类器模型，再利用针对扣件检测改进的检测算法——“尺度因子检测法”进行检测。根据素材训练可得到六个分类模型，分别用于检测：整个扣件状态（包含正常、松动、脱落）、弹条正常状态、弹条脱落状态、弹条松动状态、螺栓正常状态、螺母脱落状态。

钢轨及轨枕裂纹检测。利用图像二值化边缘检测，通过阈值调整和形态学的判定，最终确定裂纹的区域和大小。

轨道异物检测。通过对同一位置的图像进行比对，利用模式识别算法发现图像变化，从而判断异物是否入侵。

感应板移位检测。利用固定在车底中部的高清成像装置对感应板及其固定扣件图像进行采集，通过模式识别算法识别出扣件边缘位置以及感应板边缘位置，根据扣件边缘距感应板边缘的距离变化来实现对感应板移位的检测。

（4）受电弓-接触网在线监测。

受电弓-接触网在线监测是结合城市轨道交通电客车车型、线路条件的便携式车载监测系统，该系统具有车体振动补偿功能，如图5-22所示，该监测设备主要包括以下几方面。

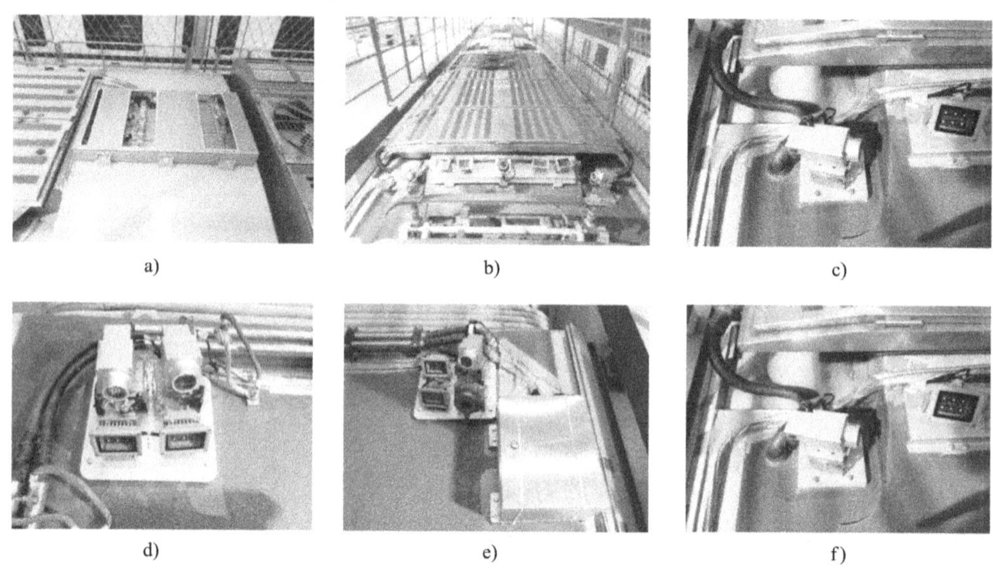

图5-22　受电弓-接触网在线监测系统

几何参数检测子系统。该子系统中架空接触网检测项目包含接触线高度、坡度、拉出值、跨距、接触线磨耗等。接触轨检测项目包含接触轨水平和垂直距离、坡度、端部弯头和跨距等。

动态参数检测子系统。该子系统检测燃弧率、燃弧持续时间、电流、电压、受电弓/集电靴振动加速度、振动量、振动频率和接触压力等。

综合定位子系统。该子系统为各子系统实时提供精确时间和空间定位信息，方便后期的数据分析及管理。

检测评估子系统。该子系统存储检测数据，形成数据库，并对各个检测数据进行评估，各个检测项目有具体的量化评估指标；具备接触网系统评估功能，结合各个检测项目数据，系统评价接触网受电弓状态，并输出对应评估结果。

5.2.3 维修规程优化

基于风险矩阵的差异化维修策略的应用可以减少不必要的维护项目和维护次数，降低维护人力成本。但要实施更为精准的设施设备维护，有必要进一步对设施设备的各系统设备的风险和危害度进行定量分析和评估，进而指导开展更为精细化的维修规程优化。这里重点介绍一种基于 FMECA（失效模式、影响及危害度分析）的失效风险的维修规程优化方法。

FMECA 是一种失效风险分析方法，着重于分析系统运行期间的故障模式及其产生的影响，依据每个故障模式产生影响的严重程度及其发生概率归类分析。FMECA 分为故障模式及影响分析（Failure Mode and Effect Analysis，FMEA）和危害性分析（Criticality Analysis，CA）两部分，前者为定性分析，后者为定量分析，彼此为递进关系。其具体流程如图 5-23 所示。

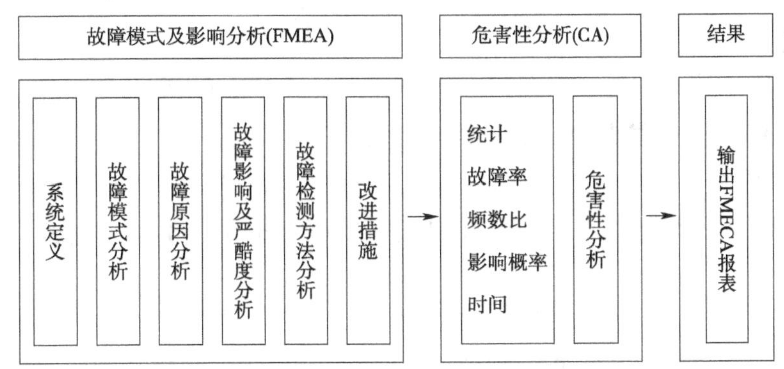

图 5-23 FMECA 流程

一般说来，FMECA 的主要任务包括如下七个部分。

任务 1：定义系统功能和工作最低要求。

任务 1 包括对每项任务所做的说明，被分析系统各级别的任务、功能及工作模式，组成部件发生失效的条件等。具体包括如下三部分的实施内容。

划分系统的子系统结构。以车辆为例，车辆系统是按功能分类的多个子系统组成的紧密联系的综合系统，包括车体及客室内装、转向架、车门、车钩及缓冲装置、贯通通道、牵引及电制动系统、受电弓及1500V/750V高压电路、辅助电源系统、气制动及供风系统、列车控制系统、直流110V控制电路、空调和通风系统、客室照明系统、广播级乘客信息系统等15个子系统及3个子接口，如表5-1所示。

车辆系统划分表 表5-1

系统名称	分类	系统名称	分类
有接点控制电路	电气	供风	机械
乘客信息系统	电气	气制动	机械
辅助系统	电气	贯通道	机械
列车控制及诊断系统	电气	空调	机械
牵引/电制动	电气	受电弓/集电靴	机械
照明	电气	转向架/轮对	机械
车钩及缓冲装置	机械	供电接口	接口
车门	机械	轨道接口	接口
车体及客室内装	机械	信号接口	接口

建立子系统结构树。以车门子系统为例，其主要包括EDCU（电子门控制器单元）组件、承载机构、电机驱动组件、基础部件、门扇、紧急出口装置、外操作装置（表5-2）。司机通过开关门按钮激活相应的线路，给车门控制单元授权，驱动电机动作，带动丝杆螺母传动机械传动机构实现开关门。

车门系统结构树 表5-2

级别	名称及参数
1	EDCU组件（A/37000）[1]
1.1	EDCU（B/37001）[1]
1.2	电线（A/37401）[40]
1.3	端子排（A/37404）[1]

续上表

级　别	名称及参数
1.4	多芯连接器（A/37406）[4]
1.5	通信插头（A/37405）[2]
2	承载机构（A/30000）[1]
2.1	长导柱（A/30301）[1]
2.2	短导柱（A/30303）[3]
2.3	蜂鸣器（A/30403）[1]
2.4	上滑道（A/30302）[2]
2.5	拖链（A/30701）[2]
2.6	小直线轴承（A/30304）[3]
2.7	门到位开关组件（A/33000）[2]
2.7.1	门到位开关（A/33401）[2]
2.7.2	门到位开关复位弹簧（A/33301）[2]
2.7.3	门到位开关组件滚轮（A/33701）[2]
2.8	传动锁闭机构（A/31000）[1]
2.8.1	传动架组件（A/31004）[2]
2.8.2	解锁开关（A/31401）[1]
2.8.3	联轴器（A/31303）[1]
2.8.4	螺母组件（A/31002）[2]
2.8.5	螺纹套（A/31302）[2]
2.8.6	丝杆（A/31301）[1]
2.8.7	制动器（A/31005）[1]
2.8.8	中间支撑（A/31701）[1]
2.9	携门架组件（B/32000）[2]
2.9.1	导向滚轮（A/32701）[2]
2.9.2	滑筒组件（A/32001）[2]
2.9.2.1	大直线轴承（A/32302）[4]
2.9.2.2	阻尼圈（A/32703）[2]

续上表

级　　别	名称及参数
2.9.3	缓冲头（A/32702）[2]
2.9.4	携门架（A/32301）[2]
3	电机驱动组件（A/30001）[1]
3.1	电机（B/30401）[1]
3.1.1	电机位置传感器（A/30404）[1]
3.2	电机制动器（A/30402）[1]
4	基础部件（A/10000）[1]
4.1	侧密封压条（A/10502）[2]
4.2	门槛组件（A/10601）[1]
4.3	上压条（A/10501）[1]
4.4	退出服务锁锁盒（A/22000）[1]
4.4.1	退出服务锁开关（A/22401）[1]
4.4.2	退出服务锁复位弹簧（A/21301）[1]
4.5	指示灯（A/10401）[1]
4.6	安装座（A/30603）[3]
4.7	门槛嵌块（A/10604）[1]
4.8	偏心轮（A/10302）[2]
4.9	摆臂组件（A/23000）[2]
4.9.1	摆臂滚轮（A/23305）[6]
4.9.2	摆臂体（A/23301）[2]
4.9.3	摆臂转轴（A/23304）[2]
4.9.4	摆臂座复合轴承（A/23303）[4]
4.10	平衡轮组件（A/34000）[2]
4.10.1	平衡轮隔圈（A/34303）[2]
4.10.2	平衡轮滚轮（A/34701）[2]
4.10.3	平衡轮偏心轮（A/34302）[2]
4.10.4	平衡轮轴（A/34301）[2]

续上表

级　别	名称及参数
4.11	内操作钢丝绳套管组件（A/43000）[1]
4.11.1	内操作钢丝绳（A/43302）[1]
4.11.2	内操作夹头（A/43301）[1]
4.11.3	内操作调节器（A/43303）[1]
4.11.4	内操作套管（A/43701）[1]
4.12	外操作钢丝绳套管组件（A/44000）[1]
4.12.1	外操作钢丝绳（A/44302）[1]
4.12.2	外操作夹头（A/44301）[1]
4.12.3	外操作调节器（A/43304）[1]
4.12.4	外操作套管（A/43702）[1]
5	门扇（A/20000）[2]
5.1	玻璃（A/20701）[2]
5.2	门板（B/20004）[2]
5.3	门板下滑道（A/20301）[2]
5.4	前挡胶条（A/20704）[2]
5.5	退出服务锁（A/20001）[1]
5.5.1	退出服务锁法兰（A/20303）[1]
5.5.2	退出服务锁锁舌（A/20306）[1]
5.5.3	退出服务锁转轴（A/20302）[1]
5.5.4	退出服务锁定位簧（A/20304）[1]
5.6	下挡销组件（A/20002）[2]
5.7	周边密封胶条（A/20702）[2]
6	紧急出口装置（A/41000）[1]
6.1	紧急出口装置把手组件（A/41001）[1]
6.2	紧急出口装置拉线盘（A/41301）[1]
6.3	紧急出口装置碰珠（A/41303）[1]
6.4	紧急出口装置转轴（A/41302）[1]

续上表

级　别	名称及参数
7	外操作装置（A/42000）[1]
7.1	外操作法兰盘（A/42001）[1]
7.2	外操作拉线盘（A/42301）[1]
7.3	外操作碰珠（A/42303）[1]
7.4	外操作转轴（A/42302）[1]

了解工作环境。环境可以包括多种因素，如温度、湿度、辐射、振动和压力等。例如，车门系统安装在车体中，可以在隧道和露天环境中运行，对于南方地区而言，其工作环境温度为 -10 ~40℃，在隧道中可能存在较大灰尘，在列车运行期间存在振动。

任务2：梳理清楚系统的可靠性逻辑关系。

梳理清楚系统的可靠性逻辑关系，即要了解各部件的功能及其相互联系和影响，逐项分析其可靠性特点，列出系统有关部件的全部故障模式和产生原因，一般用可靠性框架图来描述。

城市轨道交通设施设备系统是由许多子系统、部件等共同构成的复杂系统。其子系统、部件或元器件之间的逻辑结构也很复杂，而不同的逻辑结构必然导致不同的可靠性指标。例如，串联元器件组成的系统较并联元器件组成的系统可靠性要低。可靠性框图就是用来表示系统、子系统、零部件或元器件之间的逻辑关系的工具。可靠性框图的建立可以为各系统、各部件的故障分析、风险评估打好基础。以车门传动系统为例，其可靠性框图如图 5-24 所示。

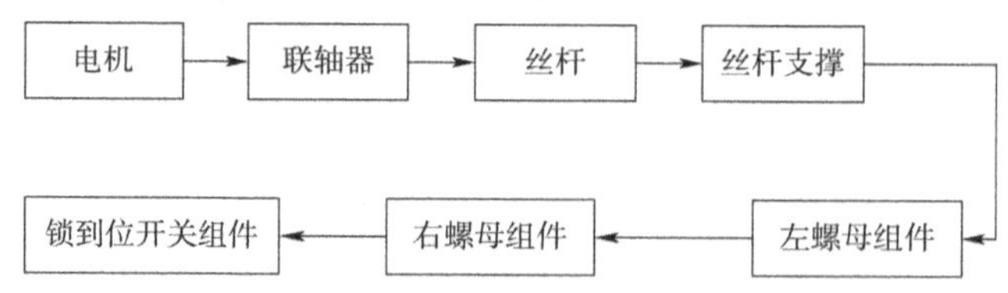

图 5-24　车辆车门传动系统可靠性框图

任务3：根据系统的可靠性逻辑关系进行分析。

根据系统的可靠性逻辑关系进行分析，即用归纳推理的方法，分析各故障模式对系统各功能级别造成的影响和后果风险。具体包括如下两部分的实施内容：

故障模式及原因分析，即根据系统定义中的功能描述和故障条件，假设出各产品功能的故障模式，针对所讨论的故障模式，应确定并说明与其有关的各种原因，并考虑相邻层次的故障原因。表5-3分析了车门系统的常见故障模式及故障原因。

车门系统常见故障模式及原因 表5-3

序号	组件	故障模式（FM）	故障原因
1	EDCU	门状态异常	元器件故障
2	电机驱动组件	无法正常开关门	电机故障
3	门到位开关	行程开关卡滞	行程开关卡滞
4	车门导筒	车门导筒裂纹	机械结构裂纹
5	传动锁闭结构	无法正常开关门	丝杆变形
			制动器故障
6	周边基础部件	车门系统异常指示	指示灯不亮
			嵌块干涉
			压轮异常
7	门扇	玻璃破碎	玻璃破碎
8	退出服务锁装置	隔离开关故障	隔离开关故障

开展故障影响分析，即对每种潜在的故障模式对最高层次系统的功能、任务和服务所引起的各种后果进行评价和记录。

例如，将可能引起5min及以上晚点设施设备（车辆、信号、站台门、接触网、线路等）按造成影响的严重程度分为以下几个故障等级：

Ⅰ级：影响列车运营安全；

Ⅱ级：造成15min以上晚点；

Ⅲ级：造成5～15min晚点；

Ⅳ级：影响列车服务质量（造成2～5min晚点/清客/抽线等）；

Ⅴ级：对列车运营无影响。

针对不会引起5min及以上晚点设备（AFC、信息系统设备等），可根据设备特性和分析目的，选择相应方法划分故障等级。

任务4：危害度分析。

危害度分析即分析判断每种故障模式对系统各功能级别造成的影响的严重等级。如果需要的话，还应估计故障严重等级发生的概率，并根据故障严重等级和发生的概率，估计出相应的危害度。

下面重点介绍两种危害度分析方法，风险优先数方法与危害性矩阵方法。

风险优先数方法，是根据故障模式的严酷度、发生概率来定义一个风险优先数，依风险优先数对各故障模式进行排序，以此评价不同故障模式的危害性：

$$风险优先数（RPN）=严酷度（S）\cdot 发生度（O） \quad (5\text{-}1)$$

若考虑故障的可探测难度，还可在上式中增加一个可检测度（D）：

$$风险优先数（RPN）=严酷度（S）\cdot 发生度（O）\cdot 可检测度（D） \quad (5\text{-}2)$$

其中，严酷度指故障影响的严重程度；发生度指设备故障发生概率；可检测度指故障的可被检测出来的难易程度，均划分为1～5级。

以某车门系统为例，建立主要部件的FMECA表格如表5-4所示。

某车门系统主要部件FMECA表 表5-4

序号	组　件	故障模式（FM）	故障原因	严酷度（S）	发生度（O）	可探测度（D）	风险优先数（RPN）
1	EDCU	门状态异常	元器件故障	4	2	3	24
2	电机驱动组件	无法正常开关门	电机故障	3	1	4	12
3	门到位开关	行程开关卡滞	行程开关卡滞	3	1	2	6
4	车门导筒	车门导筒裂纹	机械结构裂纹	2	1	2	4
5	传动锁闭结构	无法正常开关门	丝杆变形	3	1	2	6
			制动器故障	3	1	3	9
6	周边基础部件	车门系统异常指示	指示灯不亮	2	1	2	4
			嵌块干涉	3	1	2	6
			压轮异常	3	1	2	6
7	门扇	玻璃破碎	玻璃破碎	3	1	2	6
8	退出服务锁装置	隔离开关故障	隔离开关故障	1	1	3	3

将风险优先数从大到小排序，风险优先数越大的意味着该故障模式可能引起的风险越大，应重点关注和防范。从表5-4可以看出，在车门系统中，EDCU组件故障导致门状态异常是风险最大、危害度最高的一种故障，退出服务锁装置组件故障导致的隔离开关故障是风险最小的故障模式。

危害性矩阵方法，是指在特定严酷度等级下，定义部件故障模式中某一故障模式具有的危害度为C_{ij}的方法。对给定的故障等级和任务阶段而言，部件i的第j个故障模式的危害度可由下式计算：

$$C_{ij}=\alpha_{ij}\beta_{ij}\lambda_{i}t \tag{5-3}$$

其中，α_{ij}为部件i按第j种故障模式出现的次数与部件所有故障数的比值；β_{ij}为条件概率，它表示部件i在第j种故障模式发生的条件下，元件故障对系统的影响级别，一般由分析人员根据经验判断得到，通常按表5-5进行定量估计；λ_i为产品的故障率；t为某一部件在规定时间内的累积工作时间（产品的工作时间）。

故障影响概率的取值　　表5-5

故障影响	β	故障影响	β
部件肯定发生损伤，丧失功能	$\beta=1$	部件很少发生损伤，丧失功能	$\beta=0.1$
部件可能发生损伤，丧失功能	$\beta=0.5$	对部件无影响	$\beta=0$

产品的故障率λ_i的确定方法可以用可靠性试验方法，也可以是通过有关资料查得并进行修正后的数据，式（5-3）的故障率是通过现场故障数据得到的平均故障率，其计算公式为：

$$\lambda_i=\frac{N}{\sum t} \tag{5-4}$$

其中，N为某一部件在规定时间内的故障总次数；t为某一部件在规定时间内的累积工作时间，即产品的工作时间，一般以工作小时或工作次数表示。

采用危害性矩阵分析法对某车辆牵引系统进行分析，得到FMECA分析结果，如表5-6所示。

由表5-6可以看出，该车辆牵引系统III类故障危害度为458.39，在整车危害度中占比较大；II类故障危害度为23.3；I类故障危害度为1.7。

某车辆牵引系统 FMECA 分析结果　　表 5-6

组件	故障模式	故障等级分类	故障模式频数比（α）	故障影响概率（β）	工作时间（t）（万小时）	故障率（λ）	危害度（C）
VVVF 箱	VVVF 风扇跳闸、异响	Ⅲ	0.02	0.5	3.285	1.22	0.03
	VVVF 风扇风压开关故障	Ⅲ	0.02	0.5	3.285	1.83	0.07
	GTO 模块故障	Ⅲ	0.13	1	3.285	10.65	4.71
	GTO 门控板故障	Ⅲ	0.25	1	3.285	19.79	16.25
	光纤回路故障	Ⅲ	0.10	1	3.285	8.22	2.80
	线电流、相电流、差动电流传感器故障	Ⅲ	0.15	1	3.285	12.18	6.15
	线电压、相电压、电容电压传感器故障	Ⅲ	0.14	1	3.285	10.96	4.98
	VVVF 箱铰链座损坏	Ⅱ	0.18	0.1	3.285	14.31	0.85
高压箱	K1 接触器故障	Ⅲ	0.24	1	3.285	2.44	1.94
	K2 接触器故障	Ⅲ	0.12	1	3.285	1.22	0.48
	K3 接触器故障	Ⅲ	0.52	1	3.285	5.18	8.76
	K4 接触器故障	Ⅲ	0.12	1	3.285	1.22	0.48
高速断路器	高速断路器故障	Ⅲ	1.00	1	3.285	4.26	14.00
制动电阻	制动电阻故障	Ⅲ	0.18	1	3.285	0.61	0.36
	温控模块故障	Ⅲ	0.45	0.5	3.285	1.52	1.14
	制动电阻风压开关故障	Ⅲ	0.36	0.5	3.285	1.22	0.73
DCU	DCU 板件故障	Ⅲ	0.91	1	3.285	46.88	140.33
	A101 板件故障	Ⅲ	0.09	1	3.285	4.57	1.33
电机	电机烧损	Ⅲ	0.04	1	3.285	3.04	0.43
	电机速度传感器故障	Ⅲ	0.96	0.5	3.285	67.58	106.22

续上表

组件	故 障 模 式	故障等级分类	故障模式频数比（α）	故障影响概率（β）	工作时间（t）（万小时）	故障率（λ）	危害度（C）
参考值变换器	参考值变换器故障	Ⅱ	1.00	1	3.285	6.70	22.00
司控器	司控器故障	Ⅱ	0.30	0.5	3.285	0.91	0.45
	司机台锁芯故障	Ⅰ	0.40	0.5	3.285	1.22	0.80
	司控器行程开关	Ⅰ	0.30	1	3.285	0.91	0.90
国产牵引系统	跳主断	Ⅲ	0.94	1	3.285	46.88	145.50
	逆变模块故障	Ⅲ	0.06	1	3.285	2.74	0.50
拖车轴速度传感器	拖车轴速度传感器故障	Ⅲ	1.00	0.1	3.285	3.65	1.20

任务5：绘制危害性矩阵。

以故障等级为横坐标，故障概率等级为纵坐标，从故障模式分布点向对角线作垂线，将垂点到原点的距离作为衡量故障模式危害度的依据，该距离越大，表示其危害性越大，越需要尽快采取维护措施，据此确定维护措施的先后顺序。

根据表5-6中的故障等级和故障模式危害度绘制某牵引系统各故障模式危害度矩阵，如图5-25所示。

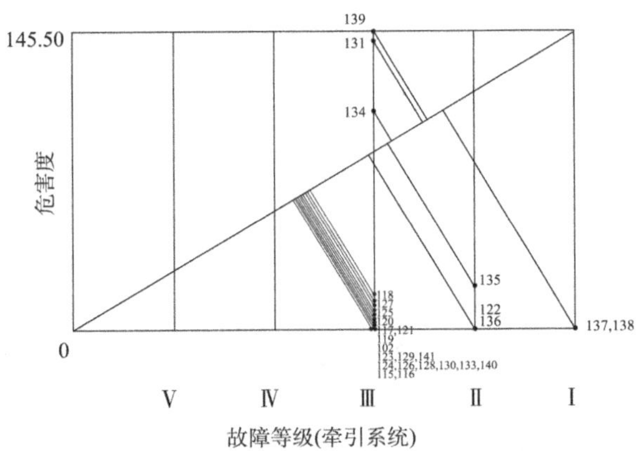

图5-25　某牵引系统危害性矩阵（图中数字为故障模式代号）

任务6：根据危害度结果，制定维修规程优化计划。

该任务即根据分析结果，针对那些后果严重的故障信息，提出相应的改进措施，包括冗余、替换、检修等，将潜在的、危害度大的故障尽早消除。

根据以上方法，计算出某车辆子系统的危害度分布情况，如表5-7所示。

某车辆子系统的危害度分布表 表5-7

系统	Ⅰ级故障	Ⅱ级故障	Ⅲ级故障	Ⅳ级故障	Ⅴ级故障
转向架	0.36	2.17	15.53	0.72	—
车门	—	15.89	30.33	17.33	—
空调	—	—	13.72	62.47	—
供风气制动	—	—	23.11	—	—
受电弓	—	2.89	6.5	—	33.58
车钩	—	1.08	1.08	0.36	—
车体内装	0.72	2.17	15.53	190.67	126.39
广播	—	—	11.56	102.92	—
有接点电路	—	0.72	1.08	15.89	4.33
牵引	—	—	8.16	3.03	—
辅助	—	—	20.22	0.72	—
诊断	—	3.61	1.16	7.94	3.47

针对Ⅱ级故障的车辆子系统，广州地铁实施由日检维修模式优化为四日检维修模式（表5-8）。经实践证明，对于转向架、车门等子系统，采用四日检维修模式的车辆子系统的故障率低于采用日检维修模式的车辆子系统的故障率（图5-26）。

某车辆Ⅱ级故障的子系统各故障模式维修规程优化建议 表5-8

序号	故障模式	危害度	现状及措施	四日检
1	ATC支架裂纹	8.34	ATC支架已进行3次设备换型，运用超过3年时间，故障为0	适合
2	高度阀卡簧松脱、球阀卡滞	1.19	近10年发生一次，故障现象明显，导致发生列车终点站退出服务	适合

续上表

序号	故障模式	危害度	现状及措施	四日检
3	提升止挡紧固螺栓断裂	0.79	发生原因为安装平面不一致，拆装时应注意工艺控制	适合
4	齿轮箱壳体裂纹、油面降低	1.59	故障的趋势为逐步发展	适合
5	一系簧塌陷、鼓包	2.38	故障的趋势为逐步发展；国产设备可靠性逐步提高	适合
6	二系簧鼓包、裂纹	0.79	故障的趋势为逐步发展；国产设备可靠性逐步提高	适合
7	冷凝风机支架裂纹	1.59	该部件为系统修检查项目	适合
8	盖板锁锁芯卡滞、锁体损坏	1.35	关键盖板已作二级防护	适合
9	闸瓦裂纹	7.94	故障的趋势为逐步发展；系统修专项检查；质量控制较理想	适合
10	碳滑板裂纹	0.4	受电弓例行检查项目	适合
11	弓头簧片裂纹	1.19		适合
12	碳滑板安装托裂纹	0.79		适合
13	弓头羊角裂纹	7.94		适合
14	角型件裂纹	0.4		适合
15	上臂裂纹	6.75		适合
16	螺纹失效或链条断裂	5.56		适合
17	绝缘子裂纹	2.78		适合

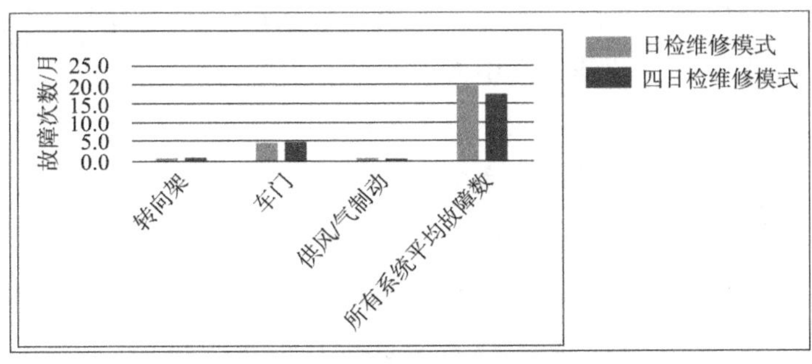

图 5-26　维修规程变化前后故障数据对比

5.3 设施设备更新改造方法

5.3.1 更新改造分类与要求

设施设备更新改造是为提高设施设备性能、提高生产的安全性和可靠性、延长设备使用年限、增加生产能力、满足节能环保、提高节能降耗等要求，达到提高经济和社会效益的目的，而采用国内外成熟、适用的先进技术对现有设施设备以及相应配套的辅助性生产和生活设施进行符合固定资产标准的设备整体或未达固定资产标准的系统的更换和技术改造。

设施设备更新改造的目的主要体现在六方面：提高设施设备运行质量和可靠性、提高设施设备状态评估水平、降低设备运行故障率、延长设备生命周期、提高运营生产工作效率、促进先进技术与先进设备推广应用。

一般而言，设施设备更新改造的原因不同，其管理也不同。结合更新改造的动因，将设施设备更新改造项目分为一类和二类项目。

一类项目是指城市轨道交通设施设备大中修，即对设施设备按检修周期和状态有计划地进行整治或周期性大修和中修，其目的是恢复和改善原有设施设备的性能和生产能力，保障正常的运营生产和行车安全。主要包括下列范围：

（1）线路大中修，包括成段更换岗位，成组更换道岔及岔枕，与换轨配套的清筛工作、补充道床和更换轨枕；

（2）为消除病害对桥梁、隧道、建筑物和生产性房屋的大中修；

（3）变电和接触网设备的大中修；

（4）电客车的架修、大修和轨道专用车的大中修；

（5）通信、信号系统设备的大中修；

（6）机械动力设备的大中修；

（7）车站机电设备（FAS、BAS、门禁、电扶梯、站台门、给排水、环控、AFC、低压配电、综合监控和 PIDS 系统设备）的大中修；

（8）车辆段系统设备（安防系统、线网指挥中心系统、固定式架车机、不落轮镟床、立体仓库、洗车机等）的大中修。

二类项目是指以新的设备替换不能继续使用或在技术上、经济上已无修复价值的原设备，或对设备进行综合性技术改造和采取重大技术措施。其目的是提高城市轨道交通设施设备技术水平，调整生产力布局，挖潜提效，满足不断增长的安全运营需求。主要包括下列范围：

（1）对生命周期到期或状态无法满足安全运营需求的设备进行的更新改造；

（2）为满足安全运营而进行的综合性技术改造和采取的技术措施；

（3）为提高系统技术水平和采用新技术、新工艺、新设备而进行的升级改造；

（4）为提升客运服务质量和网络管理而进行的更新改造；

（5）因环境保护、节能减排和公共安全等国家政策要求而进行的更新改造；

（6）城市轨道交通安全评估整改项目及市政府下达的工作任务要求进行的更新改造。

设施设备更新改造的具体流程，包括四个部分：一是编制更新改造可行性报告。内容包括说明更新改造原因、选用设备与原有工艺是否匹配、新设备技术性能是否优于原设备、新设备是否具备安装条件，更新改造后可能获得哪些经济技术效益。二是明确设备选型。该部分主要考虑设备可靠性、生产效率、易维修性等方面。三是编制年度设施设备更新改造计划。内容包括确定项目名称、金额、实施时间等。四是实施计划及组织施工。内容包括根据设备更新改造计划编制实施计划，按照实施计划组织完成更新改造施工。

5.3.2 基于可靠性预测的更新改造方法

设施设备状态及剩余生命周期预测是设施设备更新改造计划制定的前提与基础，准确的设备状态及剩余生命周期预测对减少设施设备备件库存量、降低维修成本等均有意义。

目前，国内外学者已做了大量剩余生命周期预测的研究，通常采用性能参数追踪法和一些著名的预测模型，如时间序列模型、回归分析、人工神经网络等，然而由于许多设施设备没有足够的数据样本，使得多种模型无法达到精度要求。为解决这个问题，通常从设施设备运行过程中获得退化的状态监测数据，用两种或多种方法的组合来建立退化模型，确定如何从系统的已知数据得到未知数据，使剩余生命周期预测更加准确。

基于此，笔者提出了建立基于小波分析与支持向量机模型相结合的设施设备故障件次预测方法，预测未来故障件次变化趋势，进而预测设施设备剩余生命周期可靠性变化趋势，提前预知关键设施设备可靠度劣化拐点，以此指导既有线路关键设备的更新改造及成本投入计划，避免过度维修投入。

（1）小波分析理论。

小波变换定义为：对于任意的函数$f(t) \in L^2(R)$［$L^2(R)$表示平方可积的实数空间，即能量有限的信号空间］，其连续小波变换函数$W_f(a, b)$为：

$$W_f(a, b) = (f, \Psi_{a,b}) = |a|^{-1/2}\int_R f(t)\Psi[(t-b)/a]\mathrm{d}t \tag{5-5}$$

其中，$\Psi(t)$为基小波函数；a为伸缩因子；b为平移因子。$\Psi(t)$满足：

$$\int \Psi(t)\mathrm{d}t = 0 \tag{5-6}$$

函数$f(t)$可以展开为小波级数：

$$f(t) = \sum_{j,k} C_{j,k}\Psi_{j,k}(t),\ j, k \in Z \tag{5-7}$$

其中，$C_{j,k}$为小波变换系数；j为尺度阶数；k为位置系数；Z为整数；$\Psi_{j,k}(t)$由基本小波函数经过平移和收缩得到：

$$\Psi_{j,k}(t) = 2^{j/2}\Psi(2^j t - k) \tag{5-8}$$

小波包分析能够为信号提供一种更精细的分析方法，它将频带进行多层次划分，并能根据被分析信号的特征，自适应地选择相应频带，使之与信号频谱相匹配。小波包分析克服了正交小波变换随着尺度j的增大，相应正交小波基函数的空间分辨率愈高，而其频率分辨率愈低的缺陷，从而提高了时频分辨率。

小波包分解算法为：

$$\begin{cases} d_l^{j+1,2n} = \sum_k h_{k-2l} d_k^{j,n} \\ d_l^{j+1,2n+1} = \sum_k g_{k-2l} d_k^{j,n} \end{cases} \tag{5-9}$$

其中，d 为小波包分解频带的小波系数；j 为分解的层数；k 为频带位置；h_k、g_k 为小波分解共轭滤波器系数。

如果要观察某个频段上的时域波形，则保留这一频段上的信号，把其他频段上的数据置零，再用小波包重构算法，对信号进行重构。

小波包重构算法为

$$d_l^{j,n} = \sum_k \left(p_{l-2k} d_k^{j+1,2n} + q_{l-2k} d_k^{j+1,2n} \right) \tag{5-10}$$

其中，p_k、q_k 为小波重构共轭滤波器系数。

具体建模步骤如下。

步骤 1：对预处理后的数据进行 4 层小波包分解，为了防止故障特征向量的维数过大可选择图 5-27 所示的小波包分解树。用 d（0，0）表示原信号，d（j，k）表示小波包分解第 j 层第 k 个频带的小波系数。

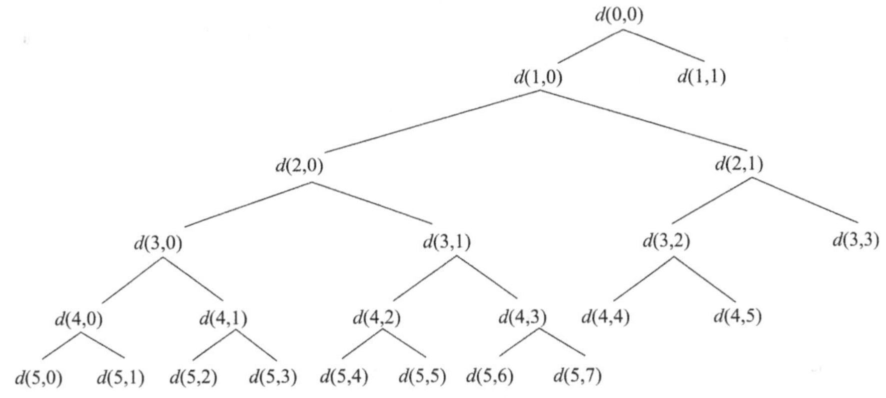

图 5-27　小波包分解示意图

步骤 2：对各小波包系数进行重构，提取各频带范围的信号数据。

步骤 3：对重构后的信号数据求各频带的能量，用分解信号能量占总能量的百分比作为反映设备运行状态的特征向量。

如图 5-27 所示，设小波包分解后第 j 层第 k 个频带的重构信号 S_{jk} 对应的信号能量为 E_{jk}。则有：

$$E_{jk}=\int |S_{jk}(t)|^2 \mathrm{d}t=\sum_{m=1}^{N}|x_{km}|^2,\ k=0,1,\cdots,2^j-1 \tag{5-11}$$

其中，N 为数据长度；x_{km}为重构信号 S_{jk}的离散点的幅值。

信号总能量 E 等于各子频带的能量之和，即

$$E=\sum_{k=0}^{2^j-1}E_{jk} \tag{5-12}$$

进行能量归一化可得到小波包特征提取的特征向量：

$$\boldsymbol{e}=\frac{(E_{j1},\ \cdots,\ E_{jk})}{E} \tag{5-13}$$

（2）支持向量机理论。

最小二乘支持向量机（Least Squares Support Vector Machine，LSSVM）是支持向量机的一种改进，根据结构风险最小化准则，综合考虑正则化项和拟合误差的平方和，将传统支持向量机中的不等式约束转化为等式约束，从而把解二次规划问题转化为求解线性方程组问题，提高了求解问题的速度和收敛精度。基本思想是：通过非线性映射将输入向量映射到高维特征空间，在这个空间中构造最优决策函数。在构造最优决策函数时，利用了结构风险最小化原则，并巧妙地利用原空间的核函数取代高维特征空间中的点积计算。

设有样本 $\{(x_i,\ y_i)\}$，$i=1,\ \cdots,\ n$，$x\in R^n$，$y\in R^n$。首先将样本通过非线性映射 $\boldsymbol{\Phi}(\cdot)$ 从原空间 R^n 映射到特征空间 $\boldsymbol{\Phi}(x_i)$：

$$\boldsymbol{\Phi}(x)=\{\boldsymbol{\Phi}(x_1),\ \boldsymbol{\Phi}(x_2),\ \cdots,\ \boldsymbol{\Phi}(x_n)\} \tag{5-14}$$

然后，在这个高维特征空间中构造最优决策函数：

$$y=w\cdot\boldsymbol{\Phi}(x)+b \tag{5-15}$$

这样就把非线性估计函数转化为高维特征空间的线性估计函数。根据结构风险最小化原则计算 w、b，即有：

$$R=c\times R_{\mathrm{emp}}+\frac{1}{2}\|w\|^2 \tag{5-16}$$

其中，$\|w\|^2$ 用来控制模型的复杂度；c 为正则化参数，控制对超出误差样本的惩罚程度，$c>0$；R_{emp}为误差控制函数，即不敏感损失函数。常用的损失函数有线性损失函数、二次损失函数等，选取不同的损失函数可以构造不同的 SVM。

LSSVM 将误差 ξ_i 二次项定义为损失函数，故优化问题变为：

$$\min J(w, \xi) = \frac{1}{2}ww + c\sum_{i=1}^{l}\xi_i^2$$
$$\text{s. t. } y_i = \phi(x_i)\ w + b + \xi_i,\ i = 1, 2, \cdots, l \tag{5-17}$$

其中，ξ_i 为松弛因子。用拉格朗日法求解该问题，有

$$L(w, b, \xi, \alpha) = \frac{1}{2}ww + c\sum_{i=1}^{l}\xi_i^2 - \sum_{i=1}^{l}\alpha_i\left[\phi(x_i)\ w + b + \xi_i - y_i\right] \tag{5-18}$$

其中，α_i（$i = 1, 2, \cdots, n$）是拉格朗日乘子。

根据优化条件，对 w，b，ξ，α 求偏导，并取为0，有：

$$\begin{cases} \dfrac{\partial L}{\partial w} = 0 \Rightarrow w = \sum_{i=1}^{l}\alpha_i\phi(x_i) \\ \dfrac{\partial L}{\partial b} = 0 \Rightarrow \sum_{i=1}^{l}\alpha_i = 0 \\ \dfrac{\partial L}{\partial \xi} = 0 \Rightarrow \alpha_i = \gamma\xi_i \\ \dfrac{\partial L}{\partial \alpha} = 0 \Rightarrow \phi(x_i)\ w + b + \xi_i - y_i = 0 \end{cases} \tag{5-19}$$

消去上式中的 w、ξ，可以得到：

$$\begin{pmatrix} 0 & \boldsymbol{I}^{\mathrm{T}} \\ 1 & \boldsymbol{ZZ}^{\mathrm{T}} + \gamma^{-1}I \end{pmatrix}\begin{pmatrix} b \\ \alpha \end{pmatrix} = \begin{pmatrix} 0 \\ y \end{pmatrix} \tag{5-20}$$

其中，$y = (y_1, y_2, \cdots, y_n)^{\mathrm{T}}$；$\alpha = (\alpha_1, \alpha_2, \cdots, \alpha_n)^{\mathrm{T}}$；$\boldsymbol{ZZ}^{\mathrm{T}}$ 为一个 $n \times n$ 方阵，第 m 行 n 列元素为 $\phi(x_m) \cdot \phi(x_n)$；$\boldsymbol{I}^{\mathrm{T}}$ 为单位矩阵。由于空间映射后维数增加导致了计算的复杂度，根据泛函数理论，高维空间的内积运算可以用原输入空间的一个核函数等效，所以在处理非线性问题时可以不做非线性变换，直接采用核函数 $K(x, x_i)$ 代替内积计算 $\phi(x_m) \cdot \phi(x_n)$，从而巧妙地解决高维计算问题。核函数是满足 Mercer 定理的任一对称函数，α，b 可按式（5-20）用最小二乘法求得，进而得到 LSSVM。最后应用 LSSVM 对非线性函数进行回归分析的结果为：

$$f(x) = \sum_{i=1}^{l}\alpha_i K(x, x_i) + b \tag{5-21}$$

LSSVM 模型的确定还包括核函数参数 σ 和正则化参数 C 的取值，常用的

方法有试算法、交叉验证法、智能算法等。

具体建模步骤如下。

步骤1：分析故障发生件次的影响因素，准备模型中存在映射关系的输入、输出数据。

步骤2：对模型的输入输出数据进行归一化处理。

步骤3：选取LSSVM的核函数。由于径向基函数的应用范围最广，可以直观反映两个数据的距离，因此选取径向基函数作为核函数。

步骤4：应用十折交叉验证法选择正则化参数C和核参数σ^2。

步骤5：采用最佳的正则化参数C和核参数σ^2对样本集进行训练，确定预测函数。

步骤6：根据预测函数预测未来故障趋势，并对预测误差进行评价分析，若误差较大则返回步骤1，重新调整模型输入和LSSVM参数再进行预测。

其中，正则化参数C的初始值设为100，寻优范围设置为［e^{-1}，e^{10}］；核参数σ^2的初始值设为0.1，寻优范围设置为［e^{-3}，e^{8}］；误差函数选取的是估计值与实际值的均方误差，当前后两次寻优的均方误差的差值小于10^{-3}时，结束寻优。预设误差要根据样本数据的特征而定。

5.3.3 应用案例分析

以广州地铁某条线路车辆系统可靠性趋势预测为例进行说明。

如图5-28所示，通过分析该线路车辆可靠性数据，发现2011—2012年该线路车辆故障导致的晚点件次较多（>20件），2013年晚点件次大幅度下降，主要由于当年维修策略优化和维修投入加大，提高了设备维修质量，进而提高了设备任务可靠性。但从2014—2015年数据可以看出，2014—2015年车辆系统维修投入逐渐增长随后降低至与2013年近似，鉴于部分车辆关键子系统故障占比仍在攀升，日常维修投入加大已无法完全整体提升该线路车辆系统固有可靠性，该线路车辆系统维修效益达到上限，晚点件次逐渐增多。

基于该线路2011—2015年每月车辆系统故障导致晚点件次分布规律，采用小波分析与支持向量机（LSSVM）模型相结合的预测方法，预测该线路未来故障件次峰值。具体步骤如下。

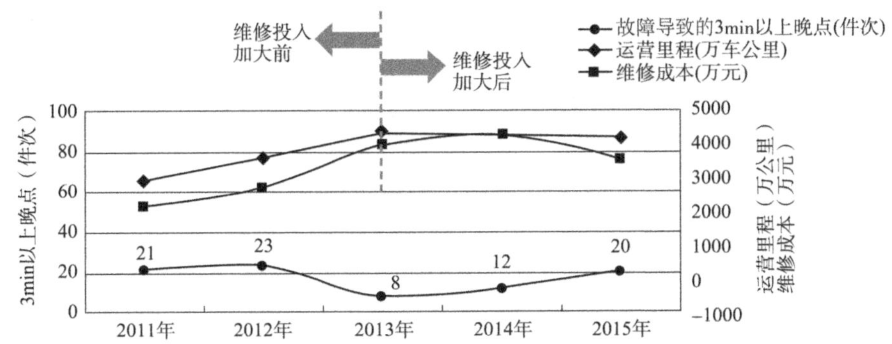

图 5-28　广州地铁某线路车辆 2011—2015 年晚点、运营里程及维修成本投入情况

首先，利用小波分析理论，对该线路每月发生的故障件数组成的原始数据进行预处理，消除噪声，使得数据变得更为平滑。采用小波变换函数 db1 ~ db4，确保低频数据（有用信号）保留、高频数据按阈值修正（图 5-29）。

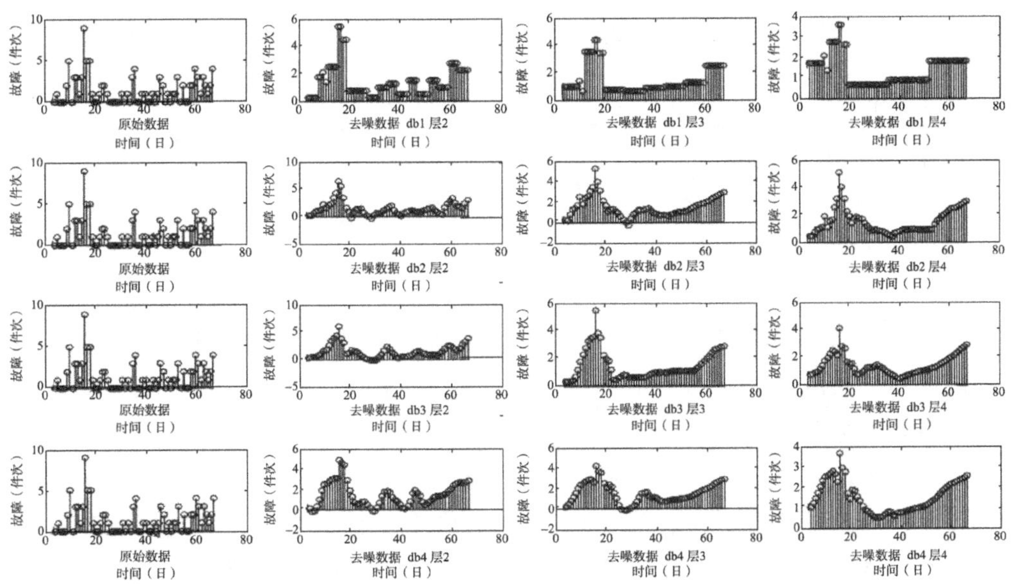

图 5-29　使用小波分析消噪前后数据对比

其次，将处理后的数据利用支持向量机进行模型训练后进行预测，如图 5-30 所示。

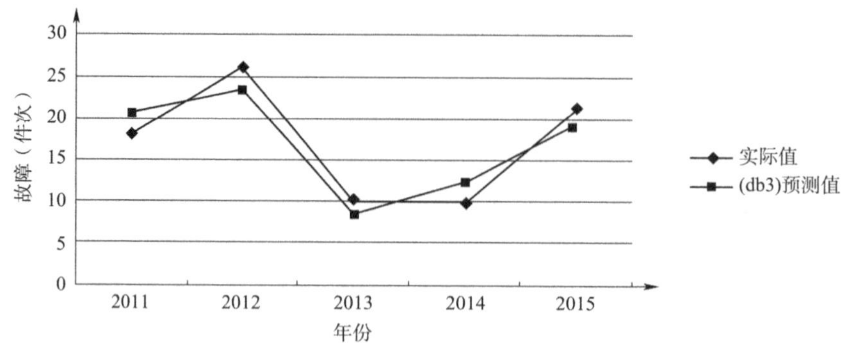

图 5-30 广州地铁某线路车辆故障预测值与实际值对比

最后，模型预测 2020 年故障将增加至 94 件次，即 2020 年该线路无故障公里数 631.7 万车公里/件次，较前期分配的 2020 年目标值 1838.9 万车公里/件次存在很大差异，如图 5-31 所示。

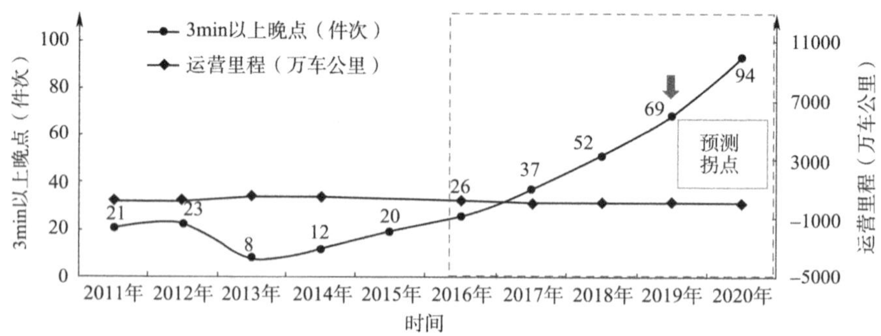

图 5-31 广州地铁某线路车辆晚点件次预测分布

因此，从技术改造、检修规程优化、设备更新、备件储备等方面提出更新改造计划。具体如下。

(1) 技术改造。

冗余线改造。半自动车钩触点是车辆控制的关键部件，目前可靠度虽然相对较高，满足服务可靠度目标要求，但只要车钩系统发生故障，将导致列车出现较大晚点，甚至导致列车救援，故建议对关键列车线进行冗余改造，使现有列车线实现双回路功能。即使列车线上某个节点断开，也不会影响列车线功能，增强现有电路控制的可靠性。

绝缘漆改造。目前受电弓部件裂纹故障较高，为避免运行中受电弓部件断裂可能对车顶放电烧损车体及客室设备，影响到设备运行安全及乘客安全，需对车顶受电弓安装面进行绝缘漆改造。

受电弓改造。通过可靠性分配，计算出受电弓系统的既有可靠度为0.852，模型的2020年可靠度预测值为0.764，可靠度均较低，主要原因为检修作业中发现受电弓系统机械部件裂纹较多。因受电弓系统是车辆的关键系统之一，涉及行车安全，正线运行过程中杜绝出现故障，故建议开展对受电弓的全部更新。

（2）更新改造。

通过进一步可靠性分配，模型计算出2020年车门系统可靠度达0.9936，供风气制动系统可靠度达0.988；牵引系统可靠度达0.821；均不能达到服务可靠度目标值，且有接点控制电路主要为硬线控制，每列车继电器达到500多个，容易出现继电器卡滞或接触不良，导致行车隐患，且继电器的维护成本较高。因此，建议开展对电气系统的整体更新或升级改造，且通过升级改造，解决由于原设计是基于无站台门线路条件，车门、制动故障诊断显示是靠车体侧墙灯来显示，无法在驾驶室显示器显示单个门状态及单节车气制动施加缓解状态，后续随站台增加站台门，导致司机对侧墙灯的状态确认存在视角局限性，并在后续运营中产生严重影响的问题。

通过对比分析发现，对单列车的电气系统整体升级改造费用约1185.29万元，而二次大修按照原部件更新费用约需1252.6万元（表5-9），且仅采用对单个系统的升级改造，将仍不能解决目前故障诊断显示落后的问题，尤其是目前车门、制动故障，只能通过侧墙灯显示问题。

电气系统整体更新改造费用对比　　表5-9

升级系统	升级改造	原部件（国产件）更新
	单列车费用（万元）	单列车费用（万元）
诊断系统	40.93	103.4（110）
牵引系统	301.5	562（440）
有接点控制系统（含PLC）	180	36.2
制动系统	183.3	104.1
空调系统	28.5	18.9

续上表

升级系统	升级改造	原部件（国产件）更新
	单列车费用（万元）	单列车费用（万元）
车门系统	217.2	64.4（130）
辅助系统	171.54	336.9（300）
乘客信息系统	40.84	23.3
照明系统	21.48	3.4
总计	1185.29	1252.6（1165.9）

鉴于以上分析，建议开展对电气系统的整体升级改造：将车门系统的气动内藏门升级为电动内藏门，采用网络和硬线控制，并在司机台显示屏上提供每个车门状态；牵引系统采用1C4M（一个逆变器向四个电机供电）的交流电传动方式，同时牵引逆变器采用集成化设计，设置能耗计量装置；有接点控制电路采用PLC逻辑控制单元取代继电器，内部双路隔离CAN总线实现与其他板卡通信，实现主机冗余、电源冗余、控制冗余，可同时存储故障诊断数据和过程数据；气制动系统采用MVB总线接口，电源双备份，具备制动管理、制动控制、防滑控制、故障诊断等功能，并在司机台显示屏上显示主风缸压力及每节车每个转向架制动缸压力。

5.4 设施设备管控模式优化

保持和提升运营阶段的可靠性，从管控维度还需做好三方面工作：一是建立适应网络化运营组织管控模式，包括搭建新的组织架构、优化新的接口流程等；二是要充分利用新的设备维修理论、技术，强化质量管理，形成更加高效的设备维修保障体系；三是强化资产全生命周期管控，确保可持续发展。

5.4.1 运营组织管控模式优化

在城市轨道交通发展初期，只有一条线路或几条线路，运营企业一般以专业化分工为组织机构的主线，即负责车务与负责设备维修的部门各自分离，而设备维修部门往往还细分为若干个大专业系统、数十个细化专业系统。这种模式对于线路少、处于运营初期的组织较有利于专业系统能力的培养。但在网络化运营阶段，这种模式势必会出现较多约束，包括专业系统间的协作接口多、反应速度慢、单一专业系统管理的幅度大等。而组织壁垒所带来的结果是难以建立以服务质量作为统一目标的责任体系，难以提高线路乃至线网的整体表现。

为匹配网络化运营发展的需求，广州地铁自2013年3月实施了组织变革，将“以专业化为主，区域化为辅”的运营管理模式转变为“以区域化为主，专业化为辅”的模式。广州地铁网络化运营的组织架构如图5-32所示。

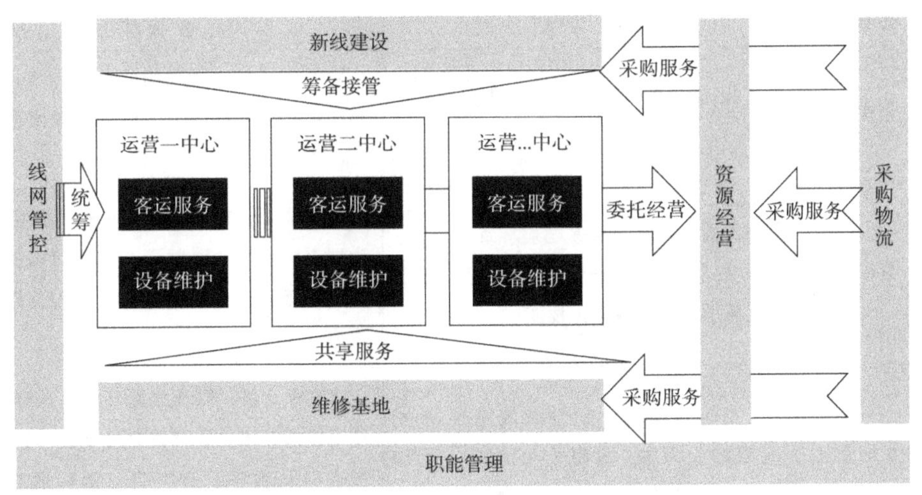

图5-32　广州地铁网络化运营管理体系

运营组织管理模式优化内容如下。

构建区域化管理模式，推动服务交付责任下沉。所谓“服务交付责任”，就是建立对线路运营绩效表现负责的责任主体。为推动服务交付责任下沉，广州地铁在运营事业总部下，设置四个区域运营中心，明确由区域运营中心对所辖线路整体运营绩效负责，既负责车务服务，也负责所有设备的维护保养，故障处置。以“顾客导向·服务社会”为出发点，打破过往专业化部门的界限，促使各个区域的管理者从整体上对乘客需求做出响应，而不是单一或局部响应。每个运营中心管理的线路幅度设定为80～130km，可有效分摊管理压力。

构建前后台维修体系，形成差异化的组织功能。构建前后台维修体系，即将原有的设备维修模式，分离成前台维护和后台维修。其中，前台维护由各区域运营中心来负责，对所辖线路进行计划性的日常检修、维护保养和故障的快速排除，以区域化模式提高响应速度，培养综合维保能力；后台维修则由一个专业技术服务后台——基地维修中心来负责，抽调各专业的大中修、零部件维修骨干力量进行支持，培养后台高精深维修技术能力，具体分工及发展方向如表 5-10 所示。同时后台也为各个专业设备维护提供监测、检测、计量等共享服务。

前后台维修体系的分工与发展方向表 表 5-10

维修体系	前台维护	后台维修
定位	在设备运行现场对设备进行维修、保养	对搬离设备运行现场的设备零部件或整体进行全面的修复，同时兼顾大中修实施工作
目标	保证服务交付的快速响应、及时处置，确保在线设备的安全、可靠运行，满足乘客需求，培养综合化技能	整合维修资源，培育精细化维修能力，为城市轨道交通巨额资产增值保值提供技术支持，为前台维修提供大型抢险专业力量
主要职责	主要包括设备计划性及故障性维修（更换坏件为主，故障抢险的第一层响应）、保养工作	负责中大修，以及故障件的离线维修。统筹零部件相关故障信息的分析、监测，推进科研技改，提供应急抢险的技术支持
人才培养	综合性维修人才	“高、精、尖”的专业维修人才

集中管控线网运作，统筹与协调线网资源。在运营事业总部下设置线网管控中心，对线网业务运作进行集中管控，以统一的指挥体系实现管控功能，达到线网联动、协调运作的目标。线网管控中心不仅可以优化运营模式，协调生产运作及应急组织，还可以合理规划线网运输，明确线网客运组织原则，统一服务标准，提供客运服务、票务、清分等管理共享服务，为服务交付的顺利完成提供强大支持。同时，为应对新线密集开通带来的筹备压力，成立新线建设与筹备中心，集中应对新线建设与筹备开通。

5.4.2 推动精细化设备质量管理

网络化运营条件下，设施设备从过往集中分布发展为区域化分布，分布广、数量多、管理难度大且复杂，“人盯人”的质量监控方式无疑将提高管理成本，无法满足网络化运营下大数据管理要求。基于此，广州地铁2012年起即实施了精细化设施设备质量管控措施。

(1) 建立了基于层次分析法和模糊综合评估的设施设备质量评价体系。

该评价体系主要采用层次分析法和模糊综合评估法相结合的方法，针对城市轨道交通中20个专业系统（车辆、信号、通信、AFC、门禁、PIDS、变电、接触网、线路、房建、站台门、电扶梯、低压、给排水、环控、防灾报警、气体灭火、车站监控、主控、电力监控），根据设施设备实际使用要求以及运行特性的差异，区分一般故障和重大故障对运营行车、客运服务及其所属系统自身功能（性能）所造成的影响，对设施设备运行数据进行分类统计，综合考虑故障的影响程度等相关因素，建立起衡量设备质量各项数据之间的关联评估模型，并利用评估模型评估出不同专业系统和线别的设备质量得分，评估结果共分为优、良、中、差四档，可用该结果对设施设备质量的总体情况进行评价，全面地展现出不同设备的质量情况，指导技术和设备管理人员根据设备评估结果，采取改进措施。具体构建流程分为如下四个步骤。

步骤1：确定评估因素。

为了确保各专业设施设备质量评估模型能合理且具代表性地反映出各专业的总体结构，首先需要确定影响各专业质量的关键评估因素。关键评估因素的确定要充分结合设备系统的技术参数、系统结构及因素在系统所起到的功能作用和重要程度进行考虑。

步骤2：确定评估因素权重。

运用层次分析法（AHP）可将评估因素集内有关的元素分解为可两两相比的层次，在此基础之上，根据AHP分析法标度关系表（表5-11），对元素进行定性和定量分析，得出决策答案。这种方法的特点是在对复杂的决策问题的本质、影响因素及其内在关系等进行深入分析的基础上，利用较少的定量信息使决策的思维过程数学化，从而为多目标、多准则或无结构特性的复杂决策问题提供简便的决策方法。

AHP 分析法标度关系表 表 5-11

标　度	含　义
1	表示两个元素相比，具有同样的重要性
3	表示两个元素相比，前者比后者稍重要
5	表示两个元素相比，前者比后者明显重要
7	表示两个元素相比，前者比后者极其重要
9	表示两个元素相比，前者比后者强烈重要
2，4，6，8	表示上述相邻判断的中间值

步骤 3：确定评估因素的评价指标体系。

设备质量评估因素的指标体系分别由故障影响程度指标、子系统运行情况指标、设备季度利用率指标、设备季度完好率指标和设备年度综合评定指标组成。每类评估因素指标均分为优、良、中、差四档评价标准，每一档的评价标准是一组数值区域内的集合。

指标统计范围的确定原则。在确定设备运行数据指标的统计范围时，应选择设备运行稳定，且表现最较优的时期，同时结合实际评估目标，确定指标统计范围。这样统计出来的指标才具有代表性和符合评估目标。

指标的计算方法。通过求解相应评估因素总体运行情况的数学平均值得出。

故障影响程度指标的确定原则。该指标的确定总体遵从两大原则：一是对于直接影响各系统所需实现功能（服务），使用“零容忍”原则，一旦出现则判定为差（超标），没有发生则为优；二是对于故障发生以后，未直接影响系统运行，但却对系统运行（服务）造成一定程度影响的故障，根据故障发生的次数分级制定优、良、中、差指标。

子系统运行情况（故障率）指标的确定原则。子系统故障率的确定，首先计算出统计范围内各子系统故障率总体的算术平均值，然后分析算术平均值在总体中所处的情况。

如果总体中有60%以下的故障率数据，低于总体故障率算术平均值，则判定此算术平均值属于优；如果总体中有60%～75%的故障率数据，低于总体故障率算术平均值，则判定此算术平均值属于良；如果总体中有75%～85%的故障率数据，低于总体故障率算术平均值，则判定此算术平均值属于中；如果总体中有85%以上的故障率数据，低于总体故障率算术平均值，则判定此算术平均值属于差。

然后，按“1、3、5倍率原则”确定优、良、中、差四个档次的故障率指标。即以“优”一档的故障率为基准，按1、3、5倍的比例确定优、良、中、差四档的故障率数值区间。其中，“良”一档的故障率区间，是“优”一档故障率的1～3倍；“中”一档的故障率是“优”一档的3～5倍；“差”一档的故障率是“优”一档的5倍以上。

步骤4：确定各专业系统设施设备质量评估模型（含计算过程）。

如图5-33所示，通过上述步骤1～步骤3的工作，各专业的评估因素、权重、评价指标体系确定以后，评估模型已建立。评估模型的具体计算方法，利用EXCEL的MMULT函数实现，通过函数自动完成权重矩阵和运行数据矩阵的乘积运算。使用人员通过评估模型录入界面，输入各层因素的原始数据，如客运量、列公里、开行列次、设备总数和故障次数等运行数据，随后评估模型可以自动完成矩阵的运算，计算出综合评估的得分。

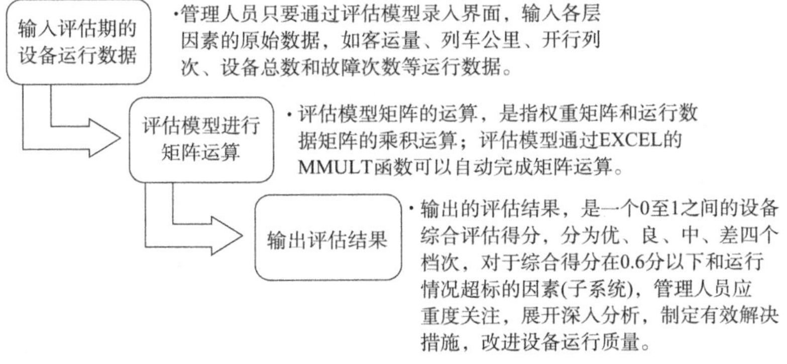

图5-33　广州地铁设施设备质量评估体系的计算流程

接下来以车辆专业系统为例，介绍设施设备质量评估体系的实现过程及并提供分析指导。

车辆专业系统月度设施设备质量评估因素由三层评估因素组成。如表5-12所示，评估第一层因素分为故障影响程度因素和列车子系统运行情况因素。由第一层因素拆解出第二层因素，即故障影响程度因素又分为影响行车因素和影响客运因素；列车子系统运行情况因素，又分为14个第二层因素，如转向架/轮对、牵引/电制动、气制动/供风因素等。由第二层因素拆解出第三层因素，即影响行车因素又根据列车晚点的时间分段，分为3min≤晚点<15min和晚点≥15min因素；影响客运则分出第三层因素清客因素。

车辆专业系统月度设施设备质量评估因素表 表5-12

第一层因素	第二层因素	第三层因素
故障影响程度	影响行车	晚点时间≥15min
		3min≤晚点时间<15min
	影响客运	清客
车辆子系统运行情况	转向架/轮对	
	牵引/电制动	
	气制动/供风	
	受电弓/集电靴	
	列车控制及诊断	
	车门	
	列车辅助系统	
	有接点控制电路	
	车钩及缓冲装置	
	乘客信息	
	列车空调	
	照明	
	贯通道	
	车体及内装	

车辆子系统运行情况因素的第二层因素里的 14 项评估因素确定后，使用 AHP 分析法（层次分析法），确定评估因素之间的标度关系，具体 14 项因素的标度关系，如表 5-13 所示。

根据表 5-12 的评估因素标度关系，对其进行列归一化（列数据/列数据之和）；然后再对归一化以后的列进行行相加求和，最后计算出各因素标准化后的权重（权重 = 行相加/行相加之和）。具体如表 5-14 所示。

评估因素及权重确定以后，便得出了地铁列车设备质量的评估模型，如表 5-14 所示。

根据故障影响程度指标和设备子系统的确定原则，计算一定时间区域内的各项评估因素数据，确定出地铁列车设备质量评价标准，如表 5-15 所示。

通过输入车辆各层因素的运行数据，如运营里程、车厢数、影响较大的故障数据，以及子系统运行情况的故障数据（表 5-15），车辆设施设备质量评估模型就可以根据各层评估因素的权重和各子系统换算后的故障率，进行矩阵运算，然后根据评价标准进行对比，评价出各设备系统中运行质量，输出评估结果得分，如表 5-16、表 5-17 所示。

从评估结果可以得出如下结论。

结论一：车辆系统综合得分 0.88，评估档次属优。

结论二：A 至 J 线的列车设备综合得分在 0.85 分以上，评估档次属优。

结论三：虽然各线都为优，但各线路设施设备运行质量的优秀程度是有差异的，其中 D 线设施设备运行质量最好（得分最高，评估得分为 1，满分）；F 线设施设备运行质量最差（得分为 0.85，处于优档的临界值），故障继续发展，将进入良档次。

结论四：通过评估界面（表 5-18），可以清晰知道造成 F 线车辆评估结果得分低的主要原因。首先，F 在统计期内有 3 次 3 ~ 15min 以内的晚点，高于其他各线。其次，F 线的列车子系统情况综合得分为 0.79 分，评估档次属于良，原因是 F 线列车的牵引/电制动故障率超标，低于合格标准，而且转向架/轮对故障率、车门故障率、乘客信息故障率处于良。通过评估模型，将上述几个方面的设备运行数据进行模糊综合评估计算，得出 F 线列车评估得分为 0.85。

车辆专业系统月度设备质量评估因素标度关系

表 5-13

评估因素	转向架/轮对	牵引/电制动	气制动/供风	受电弓/集电靴	列车控制及诊断	车门	列车辅助系统	有接点控制电路	车钩及缓冲装置	乘客信息	列车空调	照明	贯通道	车体及内装
转向架/轮对	1	2	2	3	3	4	4	5	5	6	6	7	8	9
牵引/电制动	1/2	1	2	2	3	3	4	4	5	5	6	7	8	9
气制动/供风	1/2	1/2	1	2	2	3	3	4	4	5	6	7	8	9
受电弓/集电靴	1/3	1/2	1/2	1	2	2	3	3	4	5	6	7	8	9
列车控制及诊断	1/3	1/3	1/2	1/2	1	2	2	3	4	5	6	7	8	9
车门	1/4	1/3	1/3	1/2	1/2	1	2	3	4	5	6	7	8	9
列车辅助系统	1/4	1/4	1/3	1/3	1/2	1/2	1	2	3	4	5	6	7	8
有接点控制电路	1/5	1/4	1/4	1/3	1/3	1/3	1/2	1	2	3	4	5	6	7
车钩及缓冲装置	1/5	1/5	1/4	1/4	1/4	1/4	1/3	1/2	1	2	3	4	5	6
乘客信息	1/6	1/5	1/5	1/5	1/5	1/5	1/4	1/3	1/2	1	2	3	4	5
列车空调	1/6	1/6	1/6	1/6	1/6	1/6	1/5	1/4	1/3	1/2	1	2	3	4
照明	1/7	1/7	1/7	1/7	1/7	1/7	1/6	1/5	1/4	1/3	1/2	1	2	3
贯通道	1/8	1/8	1/8	1/8	1/8	1/8	1/7	1/6	1/5	1/4	1/3	1/2	1	2
车体及内装	1/9	1/9	1/9	1/9	1/9	1/9	1/8	1/7	1/6	1/5	1/4	1/3	1/2	1

车辆专业系统月度设备质量评估因素权重

表 5-14

评估因素	列归一化														行相加	标准化（权重）
转向架/轮对	0.23	0.33	0.25	0.28	0.23	0.24	0.19	0.19	0.15	0.14	0.12	0.11	0.10	0.10	2.66	0.19
牵引/电制动	0.12	0.16	0.25	0.19	0.23	0.18	0.19	0.15	0.15	0.12	0.12	0.11	0.10	0.10	2.16	0.15
气制动/供风	0.12	0.08	0.13	0.19	0.15	0.18	0.14	0.15	0.12	0.12	0.12	0.11	0.10	0.10	1.80	0.13
受电弓/集电靴	0.08	0.08	0.06	0.09	0.15	0.12	0.14	0.11	0.12	0.12	0.12	0.11	0.10	0.10	1.51	0.11
列车控制及诊断	0.08	0.05	0.06	0.05	0.08	0.12	0.10	0.11	0.12	0.12	0.12	0.11	0.10	0.10	1.31	0.09
车门	0.06	0.05	0.04	0.05	0.04	0.06	0.10	0.11	0.12	0.12	0.12	0.11	0.10	0.10	1.18	0.08
列车辅助系统	0.06	0.04	0.04	0.03	0.04	0.03	0.05	0.08	0.09	0.09	0.10	0.09	0.09	0.09	0.92	0.07
有接点控制电路	0.05	0.04	0.03	0.03	0.03	0.02	0.02	0.04	0.06	0.07	0.08	0.08	0.08	0.08	0.70	0.05
车钩及缓冲装置	0.05	0.03	0.03	0.02	0.02	0.01	0.02	0.02	0.03	0.05	0.06	0.06	0.07	0.07	0.53	0.04
乘客信息	0.04	0.03	0.03	0.02	0.02	0.01	0.01	0.01	0.01	0.02	0.04	0.05	0.05	0.06	0.40	0.03
列车空调	0.04	0.03	0.02	0.02	0.01	0.01	0.01	0.01	0.01	0.01	0.02	0.03	0.04	0.04	0.30	0.02
照明	0.03	0.02	0.02	0.01	0.01	0.01	0.01	0.01	0.01	0.01	0.01	0.02	0.03	0.03	0.22	0.02
贯通道	0.03	0.02	0.02	0.01	0.01	0.01	0.01	0.01	0.01	0.01	0.01	0.01	0.01	0.02	0.17	0.01
车体及内装	0.03	0.02	0.01	0.01	0.01	0.01	0.01	0.01	0.00	0.00	0.00	0.01	0.01	0.01	0.13	0.01

车辆专业系统月度设备质量评估模型 表 5-15

第一层因素	权重	第二层因素	权重	第三层因素	权重
故障影响程度	0.5	影响行车	0.5	晚点时间≥15min	0.5
				3min≤晚点时间<15min	0.5
		影响客运	0.5	清客	1
车辆子系统运行情况	0.5	转向架/轮对	0.19		
		牵引/电制动	0.14		
		气制动/供风	0.13		
		受电弓/集电靴	0.11		
		列车控制及诊断	0.10		
		车门	0.08		
		列车辅助系统	0.07		
		有接点控制电路	0.05		
		车钩及缓冲装置	0.04		
		乘客信息	0.03		
		列车空调	0.02		
		照明	0.02		
		贯通道	0.01		
		车体及内装	0.01		

车辆专业系统设施设备质量评价标准 表 5-16

指　标	优	良	中	差
晚点时间≥15min	0	0	0	≥1
清客	0	0	1	>1
3min≤晚点时间<15min	0	(0，3]	(3，6]	>6
列车子系统故障率	≤0.04	(0.04，0.12]	(0.12，0.2]	>0.2
设备综合得分	[0.85，1)	[0.75，0.85)	[0.6，0.75)	<0.6

车辆专业系统设施设备运行数据

表 5-17

数据类型	单位	A线	B线	C线	D线	E线	F线	H线	I线	J线
车厢数	节	6	6	6	6	4	6	6	2	4
运营里程	车公里	294196	504304.7	521245.3	341850	507243	415184	206278	34702.9	226082.2
晚点时间≥15min次数	次	0	0	0	0	0	0	0	0	0
清客次数	次	0	0	0	0	0	0	0	0	0
3min≤晚点时间<15min次数	次	2	1	0	0	0	3	3	0	0
转向架/轮对故障	次	0	19	1	8	5	11	2	2	6
牵引/电制动故障	次	32	7	12	5	9	55	12	21	4
气制动/供风故障	次	1	17	2	2	2	7	2	8	0
受电弓/集电靴故障	次	1	1	0	1	7	6	1	0	0
列车控制及诊断故障	次	10	14	1	2	0	2	10	0	7
车门故障	次	21	32	7	4	11	23	12	2	6
列车辅助系统故障	次	10	22	15	5	1	2	3	0	2
有接点控制电路故障	次	6	1	0	0	1	0	2	0	2
车钩及缓冲装置故障	次	0	0	0	0	0	0	0	0	0
乘客信息故障	次	7	44	13	16	10	20	20	0	29
列车空调故障	次	5	7	18	7	5	3	1	4	6
照明故障	次	1	7	1	1	0	3	0	6	3
贯通道故障	次	0	2	1	0	1	1	0	0	0
车体及内装故障	次	0	5	0	7	3	3	0	0	13
总数	次	94	178	71	58	55	136	65	43	78

车辆专业系统设施设备质量评估结果 表 5-18

项　目	A线	B线	C线	D线	E线	F线	H线	I线	J线
列车设备线网综合得分	0.88								
列车设备各线得分	0.86	0.87	0.99	1.00	0.98	0.85	0.88	0.95	0.96
故障影响程度综合得分	0.88	0.88	1.00	1.00	1.00	0.88	0.88	1.00	1.00
列车子系统情况综合得分	0.83	0.84	0.97	0.99	0.94	0.79	0.90	0.82	0.83
晚点≥15min 件次数	0	0	0	0	0	0	0	0	0
清客次数	0	0	0	0	0	0	0	0	0
3min≤晚点＜15min 件次数	2	1	0	0	0	3	3	0	0
列车子系统故障率（单位：件次/万车公里）									
转向架/轮对故障率	0.00	0.06	0.00	0.04	0.02	0.04	0.02	0.29	0.07
牵引/电制动故障率	0.18	0.02	0.04	0.02	0.04	0.22	0.10	3.03	0.04
气制动/供风故障率	0.01	0.06	0.01	0.01	0.01	0.03	0.02	1.15	0.00
受电弓/集电靴故障率	0.01	0.00	0.00	0.00	0.03	0.02	0.01	0.00	0.00
列车控制及诊断故障率	0.06	0.05	0.00	0.01	0.00	0.01	0.08	0.00	0.08
车门故障率	0.12	0.11	0.02	0.02	0.05	0.09	0.10	0.29	0.07
列车辅助系统故障率	0.06	0.07	0.05	0.02	0.00	0.01	0.02	0.00	0.02
有接点控制电路故障率	0.03	0.00	0.00	0.00	0.00	0.00	0.02	0.00	0.02
车钩及缓冲装置故障率	0.00	0.00	0.00	0.00	0.00	0.00	0.00	0.00	0.00
乘客信息故障率	0.04	0.15	0.04	0.08	0.05	0.08	0.16	0.00	0.32
列车空调故障率	0.03	0.02	0.06	0.03	0.02	0.01	0.01	0.58	0.07
照明故障率	0.01	0.02	0.00	0.00	0.00	0.01	0.00	0.86	0.03
贯通道故障率	0.00	0.01	0.00	0.00	0.00	0.00	0.00	0.00	0.00
车体及内装故障率	0.00	0.02	0.00	0.03	0.01	0.01	0.00	0.00	0.14

（2）建立维修精细化管理（LMIS）系统。

从2012年开始，广州地铁规划实施维修精细化项目，建立维修精细化管理系统，简称LMIS系统，借助信息化工具解决网络化运营下设备质量数据管理、分析问题，提升质量监管效率。通过将设备检修周期与检修内容中的工序、工艺、作业要求及测量标准配置到LMIS系统中，解决在实际生产过程现场维修作业三个监管问题——“做了没有、做了什么、做得怎样”。

LMIS 系统平台主要包括后台管理网站和手持终端两大部分，后台管理网站按照运营业务划分共分为三大业务模块，即维修管理、资产管理、施工管理三大模块。其中维修管理模块主要分为设备管理、作业模板管理、检修计划管理和工单管理四项主要功能模块，实现运营设备全生命周期的维修维护精细化管理。LMIS 系统组成如图 5-34 所示。

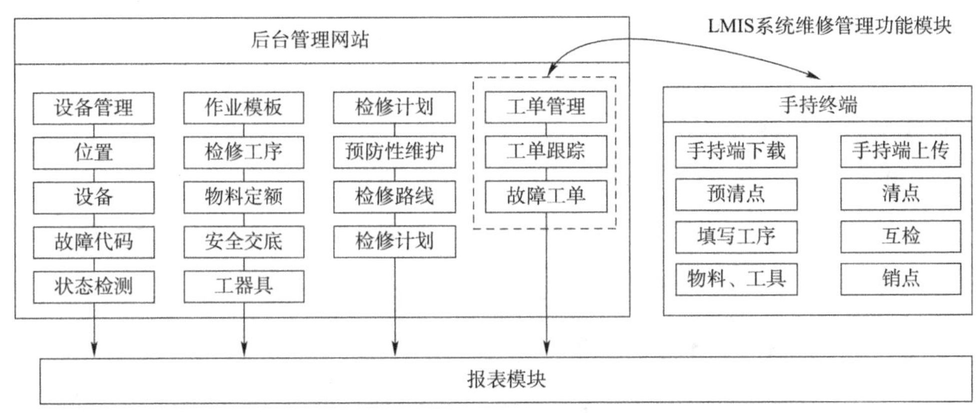

图 5-34　LMIS 系统组成示意图

为便于现场检修人员在对设备进行维修、维护工作时，直接记录现场设备维修信息，LMIS 系统专门开发了对应的手持终端设备（图 5-35），维修人员可利用手持终端设备在设备现场直接进行操作。

通过 LMIS 系统可实现维修质量控制的精细化，将业务上梳理的精细化大纲、工序固化到系统中，通过拍照等方式记录现场信息，进一步规范现场作业人员的作业习惯，使自检、互检、他检有据可查；实现设备状态数据管理精细化，使现场数据实时进入系统状态监测数据；实现维修成本管理精细化，现场作业时的备件消耗，跟随工单上传信息系统；实现设备状态分析精细化，强化设备状态数据的趋势化分析和应用，实现超标状态提示报警，为状态维修提供依据。

图 5-35　LMIS 手持终端

(3) 规范维修管理制度及人员培训。

建立管理标准、技术标准和工作标准的规章体系，从网络化转型过程中，从线网的角度对原有规章重新进行梳理。一方面，对规章结构进行评价诊断，逐一对各项业务规章的缺失、重叠和冲突情况进行识别；另一方面，根据线网统筹管理、区域自主管理、现场终端管理，对规章制度进行分级梳理，使规章体系符合业务管控的新要求。通过流程优化，兼顾监控与效率，提高规章应用的实质性效果。

同时，为满足网络化运营的需要，应从人员多样化培训、培训软硬件开发等方面加强员工的培训工作。一方面，开展多样化培训：针对不同类型人员，将培训体系分为团队管理、专业技术和生产服务等类型，全面促进人员业务技能和管理能力的提升。另一方面，建立更深入的“校企合作”人才培养模式：将员工的培养期由入公司培训前移到学校（订单班）进行，保证新员工的能力储备。此外，建立一支优秀的内训师队伍：鼓励各级员工中的优秀人才、骨干承担内部培训的任务，加强技术技能的传承。

5.4.3 全生命周期资产一体化管理

城市轨道交通属于资产密集型行业，运营管理资产种类多、范围广、价值高。在保持高水平运营服务的同时，如何系统化地对运营资产进行全生命周期管理，实现风险、成本和绩效最佳平衡，是城市轨道交通行业提升管理水平的重要方向。

在这种背景下，广州地铁以实现“保障资产安全、提高地铁资产利用率，实现资产优化配置”为目的，将运营重心从“以设备运作为核心”向“以资产运营为核心”的转变，以资产全生命周期管理为主线，全面考虑线路设计、建设、采购、安装验收、移交、运营、维修维护、处置八个阶段，整合财务、合同、采购、维修、项目管理、技术管理等职能，并对此实行全流程的一体化管理。

一是建立统一的固定资产分类及单元划分标准。在符合会计制度的前提下，制定了固定资产目录编制的四大原则：稳定性原则、独立使用原则、使用寿命（生命周期）相类似原则、重要性原则，同时参考国家标准及行业分类，最终建立了14个大类、93个中类、381个小类的固定资产目录。新固定资产目录成为企业、系统共用的“语言”，统一了合同以及交付、转固的管理口径与关键节点的固定资产管理颗粒度，可大大提升数据质量，减少重复工作，提高工作效率。

二是优化资产管理相关业务流程。对资产管理相关的业务板块进行管理和流程优化，笔者认为一体化资产管理领域需建立和培养的六大能力：基于一体化考虑的资产投资策略能力、标准化的管理能力、保持和延长资产生命周期的能力、成本控制能力、基于风险控制的内部监控能力、透明的信息共享能力。基于以上六大关键能力，开展财务、合同、项目、运维等各资产相关的管理板块的管理和流程优化，使建设、财务、运维在资产管理的某个层级口径达成一致，确保资产管理过程中，从项目概算、到合同采购、到货支付、维修管理、实物追踪、成本归集整个业务链条清晰透明和规范有序。

三是搭建一体化资产信息管理平台。打造资产全生命周期管理理念的载体，在业务功能上，涵盖立项管理、合同管理、采购计划、物资管理、项目结算、实物移交、物资转固、维修维护、资产报废处置等功能；在系统模块上，包括基于工作流的合同模块，基于ERP（企业资源计划）系统的项目管理、财务管理、物流管理、预转资模块和基于MAXIMO（IBM公司设计的企业资产管理系统）的实物资产管理模块等，可有效支撑资产全生命周期管理，固化标准业务流程，衔接各个功能板块，做到业务协同管理，促使管理理念落地，向实现资产保值增值的目标迈出坚实的一步。

5.5　小结

面对日益扩大的线网规模和设施设备不断成批老化或新技术不断涌现的现状，运营阶段为保持和提升设施设备的可靠性，必须结合城市轨道交通设施设备特点，优化维修策略决策理论与方法，探索设施设备差异化的维修策略，有针对性地提高关键设施设备的维护力度。本章通过分析设施设备维修策略应用现状，有针对性地提出了设施设备重要度评价方法，系统性地构建了差异化的维修策略体系及基于可靠性预测的设施设备更新改造方法，并结合广州地铁实际运作经验，提出了设施设备管控模式优化的系列举措建议，为日常设施设备维修保障及运维管控模式优化提供了指导。

第6章 设施设备健康管理发展与展望

城市轨道交通从市民出行“可选项”到“必选项”，再到出行“习惯”的演变过程，是其发展的必然规律，也是政府、社会、市民对城市轨道交通网络运营要求逐步进阶的过程。为满足日益增长的服务需求，运营管理单位只有与时俱进、勇于担当、主动创新、追求卓越，提供更高品质、更有价值的服务输出，才能保障城市轨道交通的可持续发展，完成新时代赋予的使命。因此，本章从城市轨道交通技术发展方向出发，对设施设备健康管理的发展趋势进行研判，并对广州地铁新时代设施设备可靠性管理的方向与发展目标进行阐述。

6.1 技术发展方向

目前，国家正大力倡导和发展“互联网+”“智慧城市”“2025智能制造”等。《“十三五”国家战略性新兴产业发展规划》强调，我国要实施网络强国战略，加快建设“数字中国”，构建新一代信息技术产业；同时，党的十九大提出了“智慧社会”，其与科技强国、质量强国、航天强国、网络强国、交通强国、数字中国并列；且国家发展改革委、工业和信息化部、科学技术部、公安部、财政部、自然资源部、住房城乡建设部、交通运输部等8部门联合印发《关于促进智慧城市健康发展的指导意见》（以下简称“《意见》”）中提出：到2020年，建成一批特色鲜明的智慧城市，聚集和辐射带动作用大幅增强，综合竞争优势明显提高，在保障和改善民生服务、创新社会管理、维护网络安全等方面取得显著成效。智慧城市是运用物联网、云计算、大数据、空间地理信息集成等新一代信息技术，促进城市规划、建设、管理和服务智慧化的新理念和新模式。《意见》拟计划实现公用服务便捷化、城市管理精细化、生活环境宜居化、基础设施智能化、网络安全长效化，切实满足人民日益增长的美好生活的需要。

城市轨道交通作为一个城市的重要基础设施，也要与时俱进，紧跟时代的脉络，焕发新的活力，在“智慧城市”“互联网+”“2025智能制造”等国家战略的指引下，建设“智慧地铁”必将成为未来城市轨道交通行业的重要发展方向（图6-1）。

对接粤港澳大湾区发展战略与行业发展趋势，广州地铁2019年超前规划并撰写了《新时代城市轨道交通创新与发展（广州2019）》，定义了新时代广州城市轨道交通体系的内涵，即是以“服务交通强国战略、支撑大湾区高质量发展、引领轨道交通科技进步、满足市民幸福出行”为总体目标，以“服务型、引领型、融合型、持续型”为总体思路，以“数字化、智能化”为技术发展方向，以“安全、可靠、便捷、精准、融合、协同、绿色、持续”为核心特征的城市轨道交通体系；重点明确了“数字化”和“智能化”是新时代城市轨道交通技术发展的必然趋势。

图 6-1 我国智慧城市建设规划

新时代广州城市轨道交通将准确把握新一代技术发展方向，利用多层域感知、人工智能、移动互联、主动协同等新技术，聚焦“智慧服务、智能运行、智能运维、智能建造”等领域，全面开展智能城市轨道交通系统平台的创新与探索，实现贯穿于城市轨道交通规划、建设、运营全生命周期的信息化和智能化。一方面，将先进的智能传感、数字通信、数据处理、信息融合、计算机视觉、自主协同控制等技术有效集成，实现大范围、全方位、实时准确高效运行控制与管理，推进综合交通系统向网联化、协同化和智慧化方向发展；另一方面，利用互联网思维和技术对传统城市轨道交通进行重构和再造，打造全息感知的城市轨道交通体系，实现人、车、运行环境、设备、指挥调度之间的在线数据以前所未有的广度、深度和速度上进行交互与共享，营造每一处数据采集点感知全景交互的信息环境，最终形成“管理和服务共融、线上和线下互动、需求和资源匹配”的开放互联的交通新业态、新模式，满足移动互联网时代背景下个体精准化管控和社会公众一站式出行服务需求。

6.2 健康管理发展趋势

城市轨道交通拥有资产规模庞大的基础设施和设备，在保障系统安全可靠的基础上，降低维修成本和满足可持续发展要求，推动设施设备健康管理从“人工、传统、低效”向“智能、科技、集约”改变，已成为广泛关注和研究的热点问题。

为系统解决传统设施设备运维管理中存在数据孤岛、信息离散、平台封闭、被动响应等问题，《新时代城市轨道交通创新与发展（广州 2019）》提出要全面构建基于状态感知及维修全过程数据的精准维护维修模式，结合设施设备全生命周期健康管理体系，实现面向线网多运营场景需求的设施设备主动运维与智能决策，最终形成体系迭代的智能运维；并明确了新时代广州城市轨道交通智能运维的体系主要由需求、感知、网络、数据、技术、决策六个方面组成，具体如图 6-2 所示。

其中，需求是源头，通过面向专业对象、业务模式的需求汇聚，实现需求至感知层的畅通流转，满足体系功能的业务需求输入。感知是基础，通过传感器采集形成数据源头，实现对原始信息的获取。网络是途径，通过网络的全方位覆盖，促进数据（原始、过程、感知数据）充分流动及互联互通。数据是中枢，通过运维全过程的感知、采集、边缘处理、融合，实现基于数据驱动的系统性智能基础。技术是工具，围绕专业、领域等背景范畴对具体业务细项化展开的方法论的构建及智能技术的应用，实现基于技术驱动的系统性智能分析。决策是应用，适配各类运营场景的策略生成能力，具备自学习、演进的逻辑能力，实现智能运维的业务成果指引及输出。

为实现以上业务目标，未来将主要依托基于云计算、大数据的城市轨道交通智能运行系统平台，采用在线监测、故障诊断和预测、数据融合、专家分析决策、全生命周期管理等关键技术，将**基础结构类、行车运输类、信息交互类和车站设施类**关键设施设备及核心部件的运行数据信息进行采集、融合、分析、挖掘，形成基于状态感知的精准维护维修模式和面向线网运营场景需求的智能决策，促进运维精准高效，提升前台维保、后台维修及资源调配的衔接能力及网络化设施设备健康管理水平，最终形成体系迭代的智能运维，营造安全、可靠、高效运行环境。

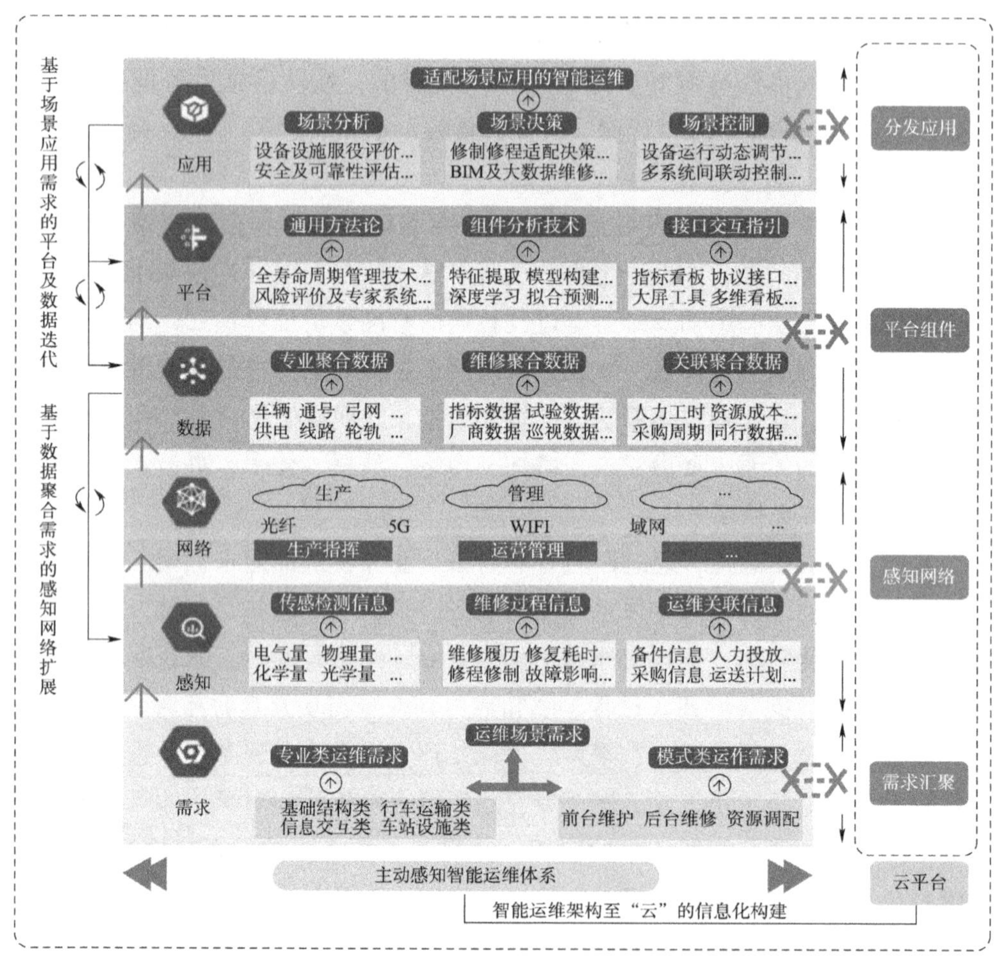

图 6-2 广州城市轨道交通智能运维体系规划架构

基础结构类设施设备，主要体现在隧道方面，设置城市轨道交通隧道安全智能巡检机器人（图 6-3），采用多目相机的采集方法测量隧道二维全断面尺寸及三维轮廓尺寸，检测隧道洞体表面裂缝、隧道洞体结构缺陷等数据，通过裂缝图像处理算法，对比裂缝识别模型，对隧道结构安全状态做出综合评估，从而实现隧道安全监测，营造安全行车的隧道环境最终目标。

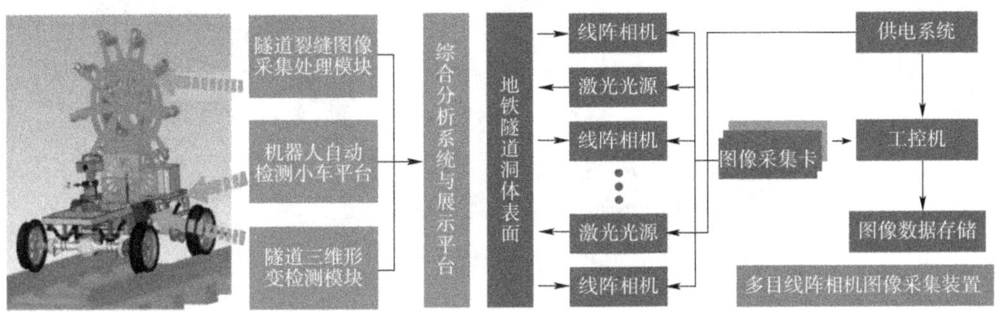

图6-3　城市轨道交通隧道安全智能巡检机器人

行车运输类设施设备，主要体现在车辆、车辆段、轨道线路、信号四个方面。

车辆方面，建立车辆智能运维系统（图6-4），通过超高速移动通信技术（EUHT）、长期演进技术（LTE）、第五代移动通信技术（5G）等现代通信技术，组建多网融合的高带宽车地无线通信系统，综合承载车载在线监测、轨旁在线监测、段内检修信息等，提供列车与地面数据处理系统的高速数据传输通道，实现数据交互，并通过数据处理中心对所有数据进行转换、存储、特征提取，完成车辆的运行数据统计分析、故障预测诊断及健康管理，实现车辆的全生命周期健康管理和车辆的状态修；利用物理信息化技术（CPS）获取实景数据（site data），通过实景大数据驱动下的数字化虚拟仿真建模技术与增强现实技术（AR）建立城市轨道交通列车的数字化模型并进行可视化，实现列车实景运行状态的实时虚拟观测与分析。列车实景再现通过对列车结构与系统设备在实际线路上的实景运行状况进行比对分析，为列车系统安全、全生命周期服役能力保持与运维保障提供技术支持。

车辆段方面，采用自动化设备，如全自动洗车设备、列检机器人、自动导引运输车（AGV）物流输送设备、智能扭力系统、智能工作台、吊装搬运助力设备、机器人智能拆装清洗检修装备、机器视觉自动检测设备、分拣机器人等，实现设备自动维修、材料和部件自动输送、工具设备使用过程可记录、整备检查可视化等，相比传统检修模式可减少20%的检修人员。

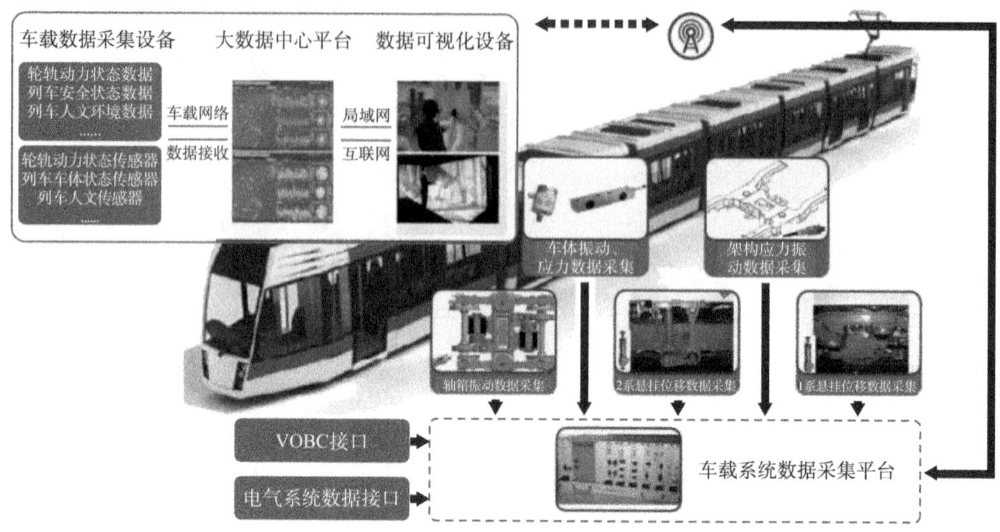

图 6-4　车辆智能运维系统

轨道线路方面，一是采用智能轨道巡检，在轨枕位置同步对轨道断面进行高清图像动态采集，利用机器视觉中深度学习算法识别扣件缺陷、检测钢轨及轨枕裂纹、轨道异物、轨枕破损等，达到提高线路巡检效率、节约运维成本的目的；二是应用激光测距、视频分析等技术，实时监测锁舌、缺口等道岔关键部位，对道岔进行功率曲线人工智能识别、健康状态预警等，实现道岔设备状态监测及预警；此外，采用轮轨振动检测，通过位于轴箱等部分的加速度和诊断传感器对运行列车轮轨振动情况进行监测，监测数据接入专家分析系统进行轮轨振动状态分析，预测轨道的健康状态；结合专用轨道探伤检测及轨道位移、轮轨关系、轨道波磨和温度检测装置，形成轨道安全状态六维图综合评估体系，即轨道智能运维系统如图 6-5 所示。

信号系统方面，基于实时在线监测技术和大数据分析技术搭建运维保障管理平台，开展 CBTC 信号系统功能、软件、硬件、性能仿真，信号运维一体化综合管理，信号系统可靠性评估等技术研究，实现计划修到状态修的运营模式转变，对信号设备全生命周期进行科学管理，降低运维成本。

供电设备方面，采用状态智能监测技术，通过在供电设备上安装局放、油色谱、压力、微水、密度等智能传感器，建立供电设备服役状态智能监测网，结合历史运行数据及经验建立设备服役期健康状态综合评估方法与评价体系，动态评估设备服役期的健康状态，确保系统运行安全，并简化检修流程，实现设备状态修。

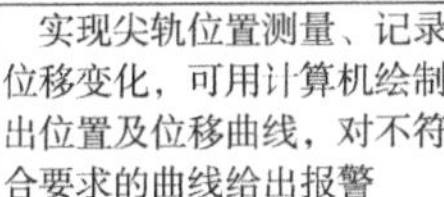

图6-5　轨道智能运维系统

信息交互类设施设备，主要体现在站台门方面，通过采用智能型驱动控制单元（DCU）、增设相关传感器监测设备等方式对站台门电气部分和机械部分的关键部件、系统运行状况等进行在线监测，发出快速、准确的故障报警；通过智能数据分析，判断设备、部件的磨损度及健康状态，形成故障预警机制；通过全生命周期管理技术，形成准确的线网级站台门运营维保建议，并对其采购决策提供技术支持，从而营造安全、可靠的乘车环境。

车站类设施设备，主要体现在自动扶梯方面，针对关键部件（包括电机、减速器、主驱动链、梯级链张紧轮、驱动底座螺栓、梯级链异常伸长、扶手带等）设置各类传感器，进行振动、位移或温度等监测，通过智能分析处理、提取相应部位的特征信息，构建专家系统的“扶梯专用诊断图谱”，给出部件异常的信息预警；通过全生命周期管理技术，形成准确的线网级扶梯运营维保建议，并对扶梯及其关键部件的采购决策提供技术支持，从而营造安全、可靠乘车环境（图6-6）。

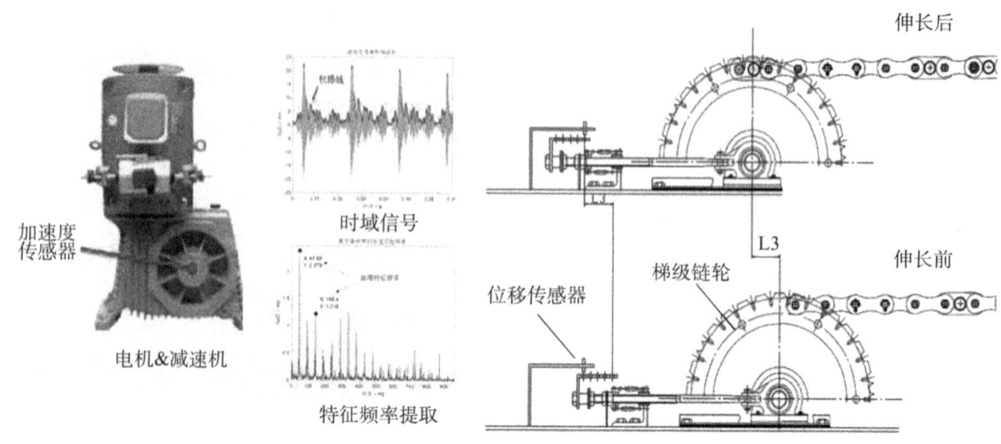

图 6-6　自动扶梯智能运维系统

6.3　小结

在全球新一轮技术革命中，“互联网＋”等技术正深刻改变着经济社会发展形态，“互联网＋城市轨道交通”也正衍生出崭新的自动化、智能化的新技术、新业态、新模式。本章对接新时代城市轨道交通发展的新要求和技术发展趋势，结合对网络化运营条件下设施设备可靠性健康管理的未来发展方向的研判，系统提炼并总结出未来设施设备健康管理的发展目标、发展思路和技术引领方向等内容，对未来智慧地铁建设具有借鉴意义。

参 考 文 献

[1] 中国城市轨道交通协会．城市轨道交通 2020 年度统计与分析报告 [R]．北京：中国城市轨道交通协会，2021.

[2] 何霖．城市轨道交通网络化运营的实践与思考 [M]．北京：人民交通出版社股份有限公司，2015.

[3] 何静，刘志钢．上海城市轨道交通网络化运营的特点与对策研究 [J]．铁道运输与经济，2008，30 (8)：51-54.

[4] Mun Gyu Park. RAMS MANAGEMENT OF RAILWAY SYSTEMS-INTEGRATION OF RAMS MANAGEMENT INTO RAILWAY SYSTEMS ENGINEERING：[D]. School of Civil Engineering College of Engineering and Physical Sciences University of Birmingham，August 2013.

[5] 吴道章．香港地铁的安全风险管理 [J]．都市快轨交通，2007，20 (6)．

[6] 常虹，高于莉．风险矩阵方法在工程项目风险管理中的应用 [J]．工业技术经济，2007，26 (11)．

[7] 邵延峰，薛红军，张玉刚．复杂串并联系统的可靠性分配方法 [J]．飞机设计，2007.

[8] 黄宁，陈未如，石帅．一种基于动态规划的软件可靠性分配方法 [J]．计算机应用软件 2011，28 (3)．

[9] 陶涛，龙静，龚玲．可靠性管理在城市轨道交通车辆全寿命周期内的应用 [J]．城市轨道交通研究，2014，17 (12)：4-7.

[10] 张昊．北京地铁运营安全风险评价体系研究 [J]．中国科学院大学，2016.

[11] 涂慧玲，张胜贵，司书宾，等．面向维修过程的多态混联系统综合重要度计算方法 [J]．自动化学报，2014，40 (1)：127-134.

[12] 张新贵．航天测控通信系统任务可靠性分配模型与算法研究 [D]．国防

科学技术大学研究生院，2013.
[13] 朱爱凤，薛淑胜．城市轨道交通车辆可靠性分配及预测 [J]. 城市轨道交通研究，2013，02（8）：12-15.
[14] 茆诗松，程依明，濮晓龙．概率论与数理统计教程 [M]. 高等教育出版社：北京，2011：423-429.
[15] 何晓群，刘文卿．应用回归分析 [M]. 中国人民大学出版社：北京，2001：72-73.
[16] 何学文，孙林，付静．基于小波分析和支持向量机的旋转机械故障诊断方法 [J]. 中国工程机械学报 . 2007（01）.
[17] 吴延军，赵艳，吕维雪．小波包分解及其参数模型 [J]. 应用声学 . 1998（03）.
[18] 贺银芝，沈松，应怀樵，等．小波包分解及其能量谱在发动机连杆轴承故障诊断中的应用 [J]. 振动工程学报 . 2001（01）.
[19] 欧洲电工标准化委员会 . EN 50126—2017. 铁路应用可靠性、可用性、可维护性和安全性（RAMS）的规范和验证．第 2 部分：适用 RAM 过程 . [S]. 铁道科学研究院，2017.
[20] 王佳培．基于贝叶斯网络的接触网运行可靠性评估 [D]. 成都：西南交通大学，2014.
[21] 丁建隆．新时代城市轨道交通创新与发展（广州 2019）[M]. 北京：人民交通出版社股份有限公司，2019.
[22] 贾伟广，胡丹，车畅．基于小波分析和支持向量机的刀具故障诊断 [J]. 控制与检测，2010（12）.
[23] 徐微．以可靠性为中心的设备维修决策技术研究与应用 [D]. 北京：北京化工大学，2012.
[24] 贾佳．以可靠性为中心的维修研究及其在铁路信号设备中的应用 [D]. 成都：西南交通大学，2009.
[25] Mahboob，Qamar Zio，Enrico. Handbook of RAMS in railway systems-theory and practice，CRC Press Taylor & Francis Croup. 2013.

后　记

城市轨道交通作为一种复杂的、高耦合的工业控制系统，系统的运行可靠性与网络中的每条线、每个设施设备及其关键零部件的可靠性直接关联。同时，随着网络化运营的不断发展，既有线路的设施设备逐步老化，新线投入初期设施设备可靠性表现不稳定，因而城市轨道交通系统运行整体可靠性下降。因此，在网络化运营条件下，如何基于运行可靠性的管理要求构建城市轨道交通复杂系统的可靠性分配方法、设施设备全生命周期健康管理体系，是当下城市轨道交通网络运营管理者面临的关键命题。

本书以城市轨道交通网络化运营下设施设备全生命周期可靠性管理为研究对象，基于广州超大城市轨道交通网络运营的特点及实践探索，剖析网络化运营条件下设施设备可靠性管理现状及特点；基于运行可靠性的管理要求，研究并提出了设施设备全生命周期健康管理体系，包括设计阶段聚焦可靠性分配的理论方法和设计策略、建设阶段聚焦可靠性实现的管理标准及评价反馈机制、运营阶段聚焦可靠性保持与提升（即聚焦基于“四象限”理论框架的设施设备分类方法与差异化的可靠性维修策略体系）；最后对智慧运维的建设和发展趋势进行了展望和设想。

设施设备可靠性全生命周期健康管理体系，是个大而复杂的课题。本书所阐述的内容，主要是在学习专业理论知识和国内外同行经验的基础上，从广州地铁的实践积累出发，总结出的体会和认识。然而，它还不能涵盖方方面面，不同城市的地铁，还在政府管控要求、地域文化、企业发展历史与现状等方面存在各种差异。希望本书能够抛砖引玉，引起大家的关注和思考，共同为城市轨道交通的健康、可持续发展出谋划策。

本书在编写过程中，得到了国家重点研发计划之复杂环境下行车设备及系统全生命周期能力保持技术课题组的大力支持，从各城市轨道交通同行中得到了很多宝贵经验，获得了许多专家的指导帮助，在此恕不能一一列出，谨表衷心感谢。